新訂版

自動車の保管場所の補償

公共用地補償研究会●編著

Compensation of The Storage Area

大成出版社

まえがき

　平成5年3月、中央用地対策連絡協議会は、自動車保管場所の補償についてその機能確保を目的とする統一的な処理方針、「自動車の保管場所の確保に要する費用の補償取扱要領」を制定しました。

　翌年には、実務運用上の基本書として、『補償研究シリーズ　自動車の保管場所の補償』が刊行されましたが、本要領制定以来20年以上が経過していることもあり、ここに新訂版として、用対連基準、国土交通省直轄基準の一部改正等に準拠したものを刊行することになりました。

　保管場所の機能の確保に関する事例は、従来より頻度、件数としても高く、今後、用地補償業務を担当する皆さま方に自動車の保管場所の補償に関する理解が一層深められ、多くの用地担当職員の業務の参考に資することを期待するものであります。

　平成28年11月

公共用地補償研究会

目次

まえがき

第1章
自動車の保管場所の確保に要する費用の補償取扱要領の解説

はじめに……………………………… 2
補償取扱要領の構成 ………………… 4
適用範囲等 …………………………… 5
定義等 ………………………………… 8
補償の手順 …………………………… 10

1. 一般住宅敷地内にある保管場所の場合 …………………………………… 11

　　条件①…13
　　条件②…14
　　条件③…16
　　条件④…18

2. 共同住宅（貸家）敷地内にある保管場所の場合 …………………………… 20

　　条件①…21
　　条件②…22
　　条件③…24
　　条件④…26
　　条件⑤…29

3. 業務用建物敷地内にある保管場所の場合（支障建物有） ………… 32

　　条件①…34

条件②…35

条件③…36

条件④…38

条件⑤…39

条件⑥…42

4. 業務用建物敷地内にある保管場所の場合 ·· 44

条件①…45

条件②…47

条件③…49

条件④…51

条件⑤…53

条件⑥…54

条件⑦…56

第2章
自動車の保管場所の確保に要する
費用の補償取扱Q＆A

1. 基本的事項 ·· 60

Q. 1　なぜ、取扱要領を制定する必要があったのか。…60

Q. 2　補償取扱要領の性格如何。…61

Q. 3　本要領に基づく補償は、補償基準の何条に該当するのか。…62

Q. 4　本要領に基づく補償を、取得等する土地の土地代金等の補償と
　　　別個に補償する必要性はあるのか。…63

Q. 5　補償を受けられる者は誰か。…64

　　　適用範囲等関係　65

Q. 6　要領は、一団の土地以外に借上げた保管場所の使用者を対象外
　　　としているが、同所有者（貸主）は対象となるのか。…65

Q. 7　保管場所の借上げ確保の可否及び一団の土地以外での保管場所

確保が行われている地域であるかの判定は地元不動産業者等からの聞き込みで行うと規定されているが、地元不動産業者等の「等」は具体的にどのような者をいうのか。また、聞き込み結果を書面で残しておく必要はあるか。…65

定義等関係　66

Q.8　「自動車の保管場所」の定義の後段の「前者と同等の利用形態にある場所」とは、どのような場所か。…66

Q.9　保管場所であることの認定はどのように行うのか。…66

Q.10　「一画地」ではなく「一団の土地」としたことに理由はあるのか。…66

Q.11　道路を挟んで建物敷地と保管場所が存する場合は、両者一体で「一団の土地」となるか。…67

Q.12　借地権等の「等」にはどのような権利が含まれるのか。また、所有権と所有権以外の権利が混在しているのではなく、利用画地に関する権利が全て借地権の場合でも「一団の土地」となるか。…67

Q.13　所有権以外の権利に占有権（占有する正当な権利を有しない場合。）は含まれるか。…68

補償の手順関係　69

Q.14　保管場所の一部又は全部が直接収用等の対象とならない場合は要領が適用とならないのか。…69

Q.15　「本例示に該当しない場合は個々の具体的な実情に照らして妥当な補償になるよう適正に運用するものとする。」と規定されているが、積極的に運用してよいのか。…69

2．一般住宅敷地内にある保管場所関係……………………………70

Q.16　農家住宅敷地内の保管場所は対象にならないか。…70

Q.17　なぜ、対象とした建物は二階建までなのか、三階建以上の建物が存する一団の土地内の保管場所に対しては回復の必要性を認めないのか。また、二階建までであれば、鉄筋コンクリート造等の非木造建物も対象となるのか。…71

Q.18 「生活上自動車が不可欠な地域」とはどのような地域か。また、本要領は、自動車が日常生活又は営業活動等に不可欠となってきたため制定されたのであるから、あえて、この表現は必要ないのではないか。…71

条件2 72

Q.19 「近隣に保管場所とすることができる土地を確保できるか。」は、誰が判断するのか。…72

Q.20 「近隣」の範囲（現在の保管場所から概ね200メートル程度）について、各地域の実情によって定める方法は。また、直接距離、道路距離のいずれによるのか。…72

Q.21 「正常価格で土地に対する権利の取得が明らかな場合。」と規定しているが、これは例えば三者契約をいい、三者契約以外の方法で取得が可能な土地は、保管場所とする土地に該当しないのか。…73

Q.22 補償範囲に「肯定の場合は、……構外移転補償。」とあるが、構内移転補償となることはないのか。…73

条件3 74

Q.23 「専用によって確保……。」とは、どのような確保の方法をいうのか。…74

Q.24 専用利用料相当額を求める計算式中、月数を24ケ月以内とした理由は何か。一団の土地内に存する建物の残耐用年数とすることが合理的であると思うが。…74

Q.25 「保管場所の除却（工法）補償」には撤去費用のほか従前保管場所の現在価値相当額が含まれると理解してよいか。…75

Q.26 貸駐車場を探す費用や、利用する場合の権利金、敷金、契約に要する費用等に対する補償が必要ではないか。…75

条件4 76

Q.27 判断基準の「……建物本体の一部を移転の対象とすることによって……」は、補償の範囲に構内再築（工法）と記述されているので、「保管場所の機能回復に直接必要となるスペースは

建物本体の一部であるため建物本体の一部と規定したものであり、構内再築（工法）は、保管場所の機能を回復するために支障となった建物本体の一部の機能回復の結果として建物本体の全部が移転の対象となった。」という解釈でよいか。…76

Q.28 判断基準に「具体の案件毎に、建物本体と保管場所を個々に確保する方法と建物本体と保管場所を一体（建物内に保管場所を確保）とする方法を選択する。」と規定されているが、各案件ごとに必ず両者を比較検討して選択する必要があるのか。…76

3．共同住宅（貸家）敷地内にある保管場所関係……………………77

Q.29 分譲マンション敷地内に存する保管場所の取扱は。…77

条件1　78

Q.30 一団の土地内に借家人用の保管場所を設置している共同住宅が地域内に点在するケースが多いと思われるが、このような地域は「貸家の条件としているのが一般的な地域」と判定してよいか。…78

Q.31 補償の範囲に「否定の場合は、一団の土地内にできる限りの保管場所を確保する。」と規定されているが、従前の保管場所数が減少してもやむを得ないと考えてよいか。…78

条件4　79

Q.32 二段式の立体駐車場にはどのようなものがあるのか。…79

4．業務用建物敷地内にある保管場所（支障建物有）関係……………80

条件2　80

Q.33 業務用トラック等の主として夜間に多く使用されている保管場所であっても、地域特性（積雪地）等から分割することが困難な場合もあるが、このような場合の取扱は。…80

条件6　80

Q.34 補償範囲の肯定の場合の建物の構内再築（工法）は構内移転の

一形態であると思うが、条件1の補償範囲になぜ含めなかったのか。…80

5. その他 ……………………………………………………………………81

Q.35 一般住宅敷地内にある保管場所の確保の方法に立体駐車場の設置がないのはなぜか。…81

Q.36 近隣に保管場所を専用によって確保する（貸駐車場の利用）機能回復方法について、共同住宅敷地を対象外とした理由は何か。…82

Q.37 本要領による補償は、構内再築補償と構外再築補償の経済比較は必要ないのか。…82

Q.38 残地内に存する従前の保管場所の跡地及び移転先地の整地費用は補償できるか。…83

Q.39 残地内の建物等の再配置に伴う工事期間中の保管場所確保に要する費用の補償が必要になると思うが。…83

Q.40 残地内の建物等の移転に要する費用を補償する場合は、履行確認の必要があるか。…83

Q.41 要領が制定されたことにより、補償額が増額することになるのか。…84

Q.42 機能回復の方法に相違があってよいのか。…84

Q.43 例えば、「一般住宅敷地内にある保管場所の場合」の取扱において、条件1で肯定となった場合には条件2以降の検討は不要と解してよいか。…85

Q.44 近隣に保管場所とすることができる土地を確保できる場合において、同土地に整地又は造成工事を必要とするときは、これらに要する費用の補償は可能か。…85

Q.45 貸駐車場の全部又は一部が支障となる場合において、同駐車場の経営者及び利用者は要領に基づいた補償を受けられるか。…86

Q.46 都市計画道路の区域内に存する保管場所は要領の対象となるか。…87

第3章
ケーススタディー
―形態別設例に基づく補償指針と補償内容―

事例1　一般住家の保管場所の一部が支障となり、一団の土地内において、建物を移転することなく現状の保管場所を確保した例。…90

事例2　一般住家の保管場所の一部が支障となり、一団の土地内において、建物を移転することなく現状の保管場所を確保した例。…92

事例3　一般住家の保管場所の一部が支障となり、近隣に保管場所とする土地を確保した例。…94

事例4　農家住宅の保管場所の一部が支障となり、隣接に所有する現況農地を保管場所とした例。…96

事例5　一般住家の保管場所の一部が支障となり、近隣に保管場所を専用によって確保した例。…98

事例6　一般住家の保管場所の一部が支障となり、一団の土地内に立体駐車場を設置して保管場所を確保した例。…100

事例7　一般住家の保管場所の一部が支障となり、一団の土地内の建物の一部を改造することによって保管場所を確保した例。…102

事例8　共同住宅の保管場所の一部が支障となり、機能回復の必要性を認めず、補償を行わなかった例。…104

事例9　共同住宅の保管場所の一部が支障となり、一団の土地内に立体駐車場を設置して保管場所を確保した例。…106

事例10　共同住宅の保管場所の一部が支障となり、建物の構外再築補償により保管場所を確保した例。…108

事例11　製造工場の資材搬出入車両のための保管場所（積込み積卸し場所）の一部が支障となり、建物の曳家移転により保管場所を確保した例。…110

事例12　建築事務所の建物の一部と顧客及び従業員のための駐車場の一部が支障となり、建物の構内再築により保管場所を確保した例。…112

第4章
店舗又は住宅における駐車場の補償についての調査研究委員会報告書（抜粋）

1．目的 ……………………………………………………………………………… 116

2．現状の把握 ……………………………………………………………………… 118

- イ　自動車保有台数の推移…118
- ロ　自動車保有台数の用途別又は車種別区分…119
- ハ　自動車の保有状況…120
- ニ　駐車場の現状…123
- ホ　駐車場不足の実態…125

3．駐車場の区分と分類 …………………………………………………………… 126

- イ　駐車場の分類…126
- ロ　車庫法に定める車庫…126
- ハ　立体駐車場の種類と特長…129

4．駐車場に係る法律関係 ………………………………………………………… 135

- イ　民法との関係について…135
- ロ　借地法との関係について…137
- ハ　土地収用法との関係について…137

5．「駐車場に係る損失補償について」意見聴取用資料 ……………………… 140

6．意見の集約について …………………………………………………………… 153

7．意見とその対応について ……………………………………………………… 157

補償方法の検討フローチャートに対する意見とその対応
- 共通事項　No.1～No.14
- 事例区分　住－1　No.15～No.84
- 事例区分　住－2　No.85～No.117

事例区分　業－1及び2　No.118～No.136

8．補償方法の検討フローチャートの主たる改正事項……………… 205

第5章
関係法令等

○国土交通省損失補償取扱要領〔抄〕

　別記5　自動車保管場所補償実施要領 ……………………………… 212

○国土交通省事務連絡（H25．3．29）一部抜粋 …………………… 218

○駐車場法〔抄〕 ……………………………………………………… 219

○東京都駐車場条例〔抄〕 …………………………………………… 221

○自動車の保管場所の確保等に関する法律 ………………………… 233

第1章
自動車の
保管場所の確保
に要する費用の
補償取扱要領の
解説

Chapter 1

はじめに

　当時、補償取扱要領が定められた背景には、現在におけるモータリゼーションの目ざましい浸透がある。ちなみに、平成2年12月末現在で乗用自動車の普及台数は34,924,213台（内訳は乗用自動車が32,339,287台、軽乗用車が2,584,926台となっている。）にのぼっている。これを世帯数で見てみると80パーセント強、人口では3.52人に1台の普及率※となる。このような状況にかんがみれば、現実に日常生活または営業等に不可欠となっている自動車の保管場所を失うことは生活または営業の便益喪失といえる。本要領は、この不利益について、生活または営業の機能回復という考え方に立ち、一定の要件の下で損失補償として統一的な対応を図るための指針として決定されたものである。

　したがって、本要領は、すべての保管場所について補償の対象とすることを念頭においているが、すべての状況に対応できる要領を定めることは画地の利用状況が多岐にわたることから極めて困難なところである。また現状が保管場所となっている形態を同一の方法で補償（機能回復）するというものではなく、個別案件毎に保管場所としての使用実態等の現況を把握し、機能回復の必要性の有無、機能回復の範囲等について検討したうえで、補償することが必要である。

　なお、住家の場合で補償を受けられる者は、原則として現在の居住位置の変更が困難である自家自用者（永住者）を対象とする。借家（間）人については、財産の処分、財産の取得という面から見れば比較的容易に居住地を変更することが可能であり、従来と同様の条件を必要としても移転する地域に制限があまりないので、容易に生活機能の回復が図れ、借家人補償のみで対応可能と認められることから、本要領に基づく補償対象から除外したところである。

　また、適用基準としては、有体物としての保管場所ではなく保管場所の機能を補償の対象としていることから、関連移転も含め、公共用地の取得に伴う損失補償基準（昭和37年10月12日用地対策連絡会理事会決定）第59条（そ

第1章　自動車の保管場所の確保に要する費用の補償取扱要領の解説

の他通常生ずる損失の補償）によるのを妥当と考えるところである。

※参考（直近の普及率等）
　平成27年3月末時点での乗用車の普及台数は、60,517,249台（内訳は、乗用車（普通・小型）が39,491,117台、軽乗用車が21,026,132台）であり、1世帯当たり1.1台、1台当たり2.1人の普及率となっている。

補償取扱要領の構成

　この補償取扱要領は、事業用地内に保管場所が存している場合の補償について標準的な取扱を示すこととし、保管場所が存する敷地にある建物の用途に従って、次の四つの類型を設け、それぞれについて補償指針を示すこととしたものである。

1．一般住宅敷地内に保管場所が存する場合
2．共同住宅（貸家）敷地内に保管場所が存する場合
3．業務用建物敷地内に保管場所が存し、建物の一部も事業用地となる場合
4．業務用建物敷地内に保管場所が存する場合

　次にその構成としては、通常妥当と認められる移転方法による保管場所の機能回復方法を順次検討するために各段階毎に条件を定め、その条件毎の判断基準をもとに補償の範囲を明示することとした。

第1章　自動車の保管場所の確保に要する費用の補償取扱要領の解説

適用範囲等

・本要領は、一団の土地の一部が収用等されたことにより自動車の保管場所が
使用できなくなった場合について適用する。

・一団の土地以外に借上げた保管場所が収用等された場合の補償の取扱につい
ては、借上げの状態が同一場所で長期間確実に確保できるという法制上の担
保が希薄なこと等から、従前と同程度の場所を求めてもらうこととし、本要
領は適用しない。

・保管場所を借上げにより確保することの可否及び一団の土地以外に保管場所
を確保することが行われている地域かの判定に当たっては、地元不動産業者
等からの聞き込みをもって行う。

■ 要旨

(1)　従来、自動車の保管場所として利用されていた土地のみが収用等された
場合には、自動車の保管場所の補償の取扱については明確には定められて
いなかったところであるが、今回この点について明らかにしたものであ
る。

　　つまり、自動車と利用者の関係を明確にし、かつ、その利用者にとって
自動車が必要なものか否かについての判断のもとに補償として取り扱うこ
ととされたものである。

　　また、自動車を必要とする生活（営業）上の必要性があればよく、当該
自動車の保管場所としての工作物の有無による補償上の区分は設けていな
い。

(2)　一団の土地以外の借上げの保管場所（月極駐車場等の貸駐車場）につい
ては、別途の契約を前提に成立している関係であり、建物と一体不可分で
あることが担保されているとは認定できないので、本要領による取扱の対
象外とされたものである。また、借上げによる確保とは、いわゆる貸駐車
場が用意されている地域で、いつでも誰でもが借りられる状況にあるか否
かを基準として判定することとしたものである。この場合の保管場所を借
上げにより確保することの可否についての判断は、保管場所の確保が現実
に実行できるか否かにより補償上の取扱が違ってくることから、地元に精

5

通する者の意見により判定することとしたところである。精通する者としては、不動産業者の他に、自治体、農協、町内会長等地元の事情に明るい者（団体）が該当する。

(3) 保管場所が収用地等に存しないが、建物が支障となり保管場所が関連移転となる場合には、保管場所の確保を考慮して建物の移転工法が検討されるので、とくに本要領を適用する必要はないと考える。ただし、このような場合において、本要領を参考とすることは差し支えないところである。

■ 解説

① 「自動車の保管場所が使用できなくなった場合」とは、収用等されることにより、従来と同様に保管場所としての役割を果たせなくなったことをいう。

② 「一団の土地以外に借上げた保管場所が収用等された場合」の補償の取扱については、生活（営業）基盤である建物の存立期間中必ず保管場所が確保できることが明確でないことから、引き続き自動車と生活が一体であるとは言い難く、また、仮に生活上一体不可分といえるにしても生活の場とは分離している保管場所であれば、代替の保管場所の確保に難渋することは少ないとも言えるので対象から除外したところである。

③ 「一団の土地以外に保管場所を確保することが行われている地域かの判定」については、一団の土地以外に保管場所を確保することが一般的に行われていることの判断の客観性を高めるために、地元精通者に委ねたものである。

このような地域としては、郊外における分譲住宅地域、古くからの沿道型住宅地域等が考えられる。

④ 貸駐車場が営業体であれば従来どおり営業補償として対応するのを原則とすべきであり、営業体と言えない場合にあっては、必ず貸駐車場として利用しなければならないという要件に欠け、未収となる金員は収用等の土地の対価をもって別途の方法により従来の収益をあげればよいため、本要領を適用する必要はないと考える。

※国土交通省事務連絡（H25.3.29）一部抜粋

4　月極駐車場等の貸駐車場について

　　月極駐車場等の貸駐車場は本要領の対象外であり、経営者及び利用者のいずれも本要領に基づいた補償をすることは出来ない。

　　貸駐車場の経営者は、支障となった土地の土地代金で代替の土地を購入して貸駐車場とするか、あるいは土地代金を別途資金運用することにより収益を得ることが可能であり、また、利用者は別の貸駐車場を借り換えることが可能であるとの考えによる。

定義等

・「自動車の保管場所」とは、住宅敷地内にあっては自動車の保管場所の確保
　等に関する法律（昭和37年6月1日法律第145号）第2条第3号の保管場所
　（車庫、空地その他自動車を通常保管するための場所。以下「保管場所」と
　いう。）をいい、業務用建物敷地内にあっては前者又は前者と同等の利用形
　態にある場所をいう。
・補償対象の保管場所は、居住用建物または業務用建物と機能的に一体利用さ
　れている一団の土地（以下「一団の土地」という。）内に存在し、かつ、現
　に自動車の保管場所の用に供せられており、引き続き同一目的に供せられる
　と見込まれる保管場所をいう。
・一団の土地の権利形態については、自己の所有権又は所有権以外の権利（借
　地権等）が混在していても差し支えないものとする。

■ 要旨

(1)　本要領における自動車の保管場所、補償対象の保管場所及び一団の土地
　の権利形態について定義したものである。業務用建物敷地内の保管場所に
　おける前者と同等の利用形態とは、不特定多数の顧客が利用する場所等を
　いう。
(2)　本要領にもとづく補償対象者は、自動車が生活上不可欠な状態になって
　いる者、主として自動車を利用しての来客者のための保管場所を喪失する
　ことによって営業に多大な影響をこうむる者等を想定している。

■ 解説

①　通常「車庫」あるいは「駐車場」といわれているスペースを「自動車の
　保管場所」と定義した。車庫とか駐車場といわれるものは、通常コンク
　リート叩き又はアスファルト舗装がされ、ときには屋根が施されている
　が、本要領では、地面に何も施されていなくても、また無蓋であっても、
　生活と密接に係わっている自動車のために一団の土地内の一定の場所が確
　保されていればその場所を自動車の保管場所とした。
②　補償対象となる保管場所については、三条件を満たす必要がある。

第1章　自動車の保管場所の確保に要する費用の補償取扱要領の解説

　第一に、居住用建物または業務用建物と機能的に一体利用されている一団の土地（以下「一団の土地」という。）内に存在している保管場所であること。ここで一団の土地とされたのは、機能回復にあたって「残地＋隣接地」を利用する場合があり得るので「一団の土地」とされたところである。したがって、本要領では、道路を挟んで建物敷地と保管場所が存しても一団の土地とならない。ただし、業種等によっては、本要領の取扱に準じた保管場所の確保に要する費用の補償が必要となるケースも否定できないので、このような場合には、この要領に準じて取り扱うことの必要性等を十分に整理しておく必要がある。

　第二に、現に自動車の保管場所の用に供せられていること。自動車の保管場所としての公的証明方法として車庫証明があるが、この証明は申請者本人以外に交付されないこと、また車庫証明がされた場所に必ずしも当該証明に係る自動車が保管されていないという実態があることから統一した確認方法がないので、実態調査により自動車が置かれている場所か否かを判断することとした。

　第三に、引き続き同一目的に供せられると見込まれる保管場所であること。この判断については、住家に存する保管場所の場合は、通常自動車を使用している者が世帯主または配偶者であれば継続されると考えるべきであり、また、子供であれば専ら本人のみの使用であるか否かにより、業務用の保管場所であれば、保管場所を喪失することによって自動車を使用する顧客に影響するか否かにより区分をする等が考えられる。

③　一団の土地の権利形態としては、建物が存する期間中の土地の権利が担保されていれば保管場所が生活（営業）と密接不可分の状態にあるといえるので必ずしも所有権のみにこだわらないこととした。

補償の手順

　一団の土地内にある保管場所の一部又は全部が収用等される場合において次の例示における用途毎の条件を満たす範囲を限度として補償を行うものとする。

　なお、本例示は基本形態を示したもので、これに該当しない場合は個々の具体的な実情に照らして妥当な補償になるよう適正に運用するものとする。

■ 要旨

　この取扱要領では、一利用画地にあって一般的な機能を果たしている保管場所をとらえ、補償方針を定めたものであることから、あらゆる場面に適用できる基準を作成するのが困難であるため、用途毎の代表例を用いて基本的な事項について補償取扱方法を定め、各条件毎に保管場所の機能回復方法を検討し適正な補償ができるよう手順を定めた。

　なお、細目の規定が必要と認められるものについては、各事業者において、いくつかの事例を処理するなかで規定することが望ましいものと思料される。

■ 解説

① 　自動車の保管場所の補償取扱要領は広義の移転工法の範ちゅうであり、主たる建物が支障とならない場合にあっては、根拠もなく取扱が拡大しないよう具体例に即して補償取扱を定めた。

　したがって、移転補償の基本である通常妥当と認められる移転方法を念頭に、妥当な補償になるよう適正に運用する必要がある。

② 　機能回復方法は、それぞれの保管場所としての敷地の使用形態並びに建物の配置、収用等の範囲を総合的に判断し決定されるもので、機能回復の方法をすべて同一とする必要はないといえる。

1.
一般住宅敷地内にある保管場所の場合

　一団の土地内に平家又は二階建の一般住家と保管場所があり、生活上自動車が不可欠な地域を対象とし、次の条件により判断する。

▌ 要旨

(1)　一般住宅敷地内にある保管場所のみの移転にあたって補償する場合に判断すべき条件を規定したもので、補償の対象者は、建物を所有し、かつ居住し生活上自動車が不可欠な者である。

(2)　機能回復の方法としては、一般住家の多くが平面的に保管場所を使用されていることから同様の形態を想定したところであるが、自動車を2台以上保有する一団の土地にあっては立体化することを否定したものではない。

※国土交通省事務連絡（H25.3.29）一部抜粋

1　一般住宅敷地内に存する保管場所について

　残地内に立体駐車場を設置して保管場所の機能回復を行うのは、現状で2以上の保管場所を保有している場合である。

　一般住宅敷地内において2以上の保管場所を保有している場合もあるが、一般住宅で立体駐車場を設置した事例はほとんどなく、一般住宅敷地内に立体駐車場を設置することは一般的ではないと考えられる。

　本要領は、標準的な自動車の保管場所に対する標準的な取扱いを示したものなので、残地内に立体駐車場を設置して保管場所の機能回復を行う方法から一般住宅敷地を除外したものである。

　なお、地域の実情等により、残地内に立体駐車場を設置する方法を検討する場合は、本要領第3条(1)の表中番号四を準用し、適正に運用するものとする。

▌解説

① 一般人が生活する住家が存する一団の土地内に、その者が生活上必要とする保管場所を確保し、かつ、地域的に見た場合でも自動車が必要とされるという客観性も有する場合の取扱を定めたものである。

② 平家又は二階建の建物が存する土地としているのは、①一般人が居住する建物の大部分は平家又は二階建であること、②三階建以上の建物にあっては保管場所の確保の検討にあたり本要領に定める条件以外に建物の構造等の検討すべき事項が必要と考えられることから、平家又は二階建に限定したものである。なお、建物構造については特に規定していないので、平家又は二階建であれば鉄筋コンクリート造等の非木造建物でもさしつかえない。

③ 本要領により補償する保管場所は、建物と一体不可分性が相当に強い一団の土地を対象としている。したがって、保管場所が建物敷地と位置的に一体性を有していない場合には、補償として取り扱わない。

④ 生活上自動車が不可欠な地域とは、公共交通機関が未整備で日常生活上自動車との係わりが欠かせないことから一団の土地（画地）内に保管場所が用意されている地域又は公共交通機関が整備されていても保管場所付住宅等の一団の土地（画地）がまとまった状態で定着若しくは連たんしている地域を想定している。

この地域の範囲は、土地評価における同一状況地域として区分された近隣地域を考慮して判断すればよいと考える。

第1章　自動車の保管場所の確保に要する費用の補償取扱要領の解説

条件　①

　一団の土地内において、建物を移転することなく現状の保管場所が確保できるか。

〈判断基準〉

　保管場所が収用等の対象地内に存する場合で、主たる建物を移転することなく、一団の土地内の物置、その他の附帯工作物及び立竹木を再配置することによって、保管場所を含む、現状の機能が確保できるか否かをいう。

〈補償範囲〉

・肯定の場合は、保管場所及び附帯工作物（立竹木を含む。）の構内移転補償。

・否定の場合は、条件②に移行。

■ 要旨

　住家の配置を変えることなく附帯工作物等のみの移転で保管場所が確保できるかの条件について判断基準にそって検討し、補償する方法を明示したものである。

■ 解説

① 　一団の土地内では、住家、保管場所以外に工作物及び立竹木が存することが通常であること、また、それらよりも保管場所の方が生活上密接であり優先すべきであることから、生活上住家と一体となっている保管場所を確保するため工作物および立竹木を移転させて現状の機能を確保することとしたものである。

② 　この条件を満たせば、従前の効用を害さないように配慮して工作物等の構内移転補償をすることになり、不可であれば、現在地から概ね200メートル程度の範囲内の近隣に土地を確保できるか否かを検討することになる。

13

条件　②

　　　近隣に保管場所とすることができる土地を確保できるか。
　　〈判断基準〉
　　　「近隣」とは、現在の保管場所から、概ね200メートル程度の範囲を標準とし、具体的には、各地域の実情等によって定めるものとする。
　　　「保管場所とすることができる土地」とは、同一所有者が所有する土地であるか、あるいは、第三者が所有する土地にあっては、正常価格で土地に対する権利の取得が明らかな場合をいう。
　　〈補償範囲〉
　　・肯定の場合は、保管場所及び附帯工作物（立竹木を含む。）の構外移転補償。
　　・否定の場合は、条件③に移行。

■ 要旨
　一団の土地内では工作物及び立竹木を移転しても保管場所を確保できない場合で、一般的に保管場所が一団の土地から離れて確保されている地域の場合に、近隣に保管場所とすることができる土地を確保できるかの条件について判断基準にそって検討し、補償する方法を明示したものである。

■ 解説
①　判断条件で「……概ね200メートル……」としているのは、一団の土地と離れて保管場所を確保する場合に、2〜3分程度の移動時間は許容できる距離であると考えられるためであり、実際に歩く距離、すなわち道路距離を考えればよいことになる。
②　判断条件等で「……正常価格で土地に対する権利の取得が明らかな場合……」といっているが、その判断にあたっては事業用地の契約前までに三者契約等による代替地の取得見込みがたっている状況を想定すればよいと考える。その場合に隣接地を取得する価格が限定価格となる場合は被補償者に負担を強いることになるので、原則として、正常価格で取得できることを前提とされたところである。
③　現在地から概ね200メートル程度の範囲内の近隣に土地を確保できれば、

第1章　自動車の保管場所の確保に要する費用の補償取扱要領の解説

保管場所を構外に確保するための補償を、カーポート、コンクリート叩き等があれば併せて移転補償することになり、土地を確保できなければ、貸駐車場の専用による対応を検討することになる。

条件 ③

　近隣に保管場所を専用によって確保できるか。

〈判断基準〉

　「専用によって確保できる」とは、専用を行う場合に、比較的容易に確保できる状況をいう。したがって、順番待ち等の状況（短期間待つことによって確実に確保できるものを除く。）にあるときは、これに該当しないものとする。

〈補償範囲〉

・肯定の場合は、保管場所の専用利用料相当額の補償及び保管場所の除却（工法）補償。

　(注)　「保管場所の専用」とは、一団の土地内に確保されている保管場所を一団の土地以外に専用することによって確保することをいう。また当該地域における標準的保管場所専用利用料相当額は、標準的な家賃と同様の方法によって定めるものとする。

　　　なお、専用利用料相当額の算定は、次式による。

　　　専用利用料相当額＝当該地域における標準的保管場所専用料金（1ケ月当たり）×0.9×月数

　　＊．0.9は保管場所に対する管理費、土地に係る公租公課等相当分を見込み補正したものである。

　　＊．月数は24ケ月以内で適正に定めるものとする。

・否定の場合は、条件④に移行。

▌ 要旨

　一団の土地内及び現在地から概ね200メートル程度の範囲内の近隣に保管場所のための土地が確保できない場合において、分割移転による必要な経費増の補償をする場合に、近隣に保管場所を専用によって確保できるかの条件について判断基準にそって検討し、補償する方法を明示したものである。

▌ 解説

①　「専用」とは、その場所を特定の者（自動車の利用者）のみが利用できる状態をいい、具体的には貸駐車場をいう。

第1章　自動車の保管場所の確保に要する費用の補償取扱要領の解説

② 条件の本文の「……専用によって確保できる……」という状況は、保管場所の補償が機能を対象としていることから専用できる場所を考えればよく、必ずしも従来の形態にとらわれる必要はない。

③ 保管場所を専用によって確保する場合の専用利用料を24ケ月以内としたのは、残地に保管場所が確保できない場合においては、近隣において永久的に保管場所を確保することを想定し、基本的には代替地を取得してもらうことになるが、土地の取得ができないことが明らかな場合にあっては、近隣地の貸駐車場を専用利用することを想定したものであるため、補償期間を個々具体の案件毎に判断することとしたものである。

なお、補償最長期間を24ケ月以内としたのは、仮に土地を取得できないとした場合において移転後の生活機能になじむまでの期間を想定したもので、借家人補償で定める家賃差補償の標準的な年数の2年並びに分割移転に係る経費増2年分を限度とする用対連基準細則第39－4（一）と同旨である。

④ 条件を満たした場合には保管場所の専用利用料相当額の補償と保管場所の除却（工法）補償としたのは、容易に代替関係が成立するであろう場所としてすでに保管場所として貸借関係が成立している場所、すなわち駐車場を想定していることから、既存施設の移転を要しないので既存の施設は除却のみの補償としたところである。

⑤ 現在地から概ね200メートル程度の範囲内の近隣において土地を確保できず、また貸駐車場の専用によっても確保ができない場合は、一団の土地内の建物を移転の対象とすることによって確保できるか否かを検討することになる。

17

条件　④

　　一団の土地内において、建物を移転の対象とすることによって、現状の機能
が確保できるか。

〈判断基準〉

　　収用等の範囲内に存しない建物本体の一部を移転の対象とすることによって
現在の機能を確保することとし、具体の案件毎に、建物本体と保管場所を個々
に確保する方法と建物本体と保管場所を一体（建物内に保管場所を確保）とす
る方法を選択する。

〈補償範囲〉

・肯定の場合は、建物の改造、除却、曳家又は構内再築（工法）補償及び保管
　場所（附帯工作物、立竹木を含む。）の構内移転補償。

・条件④を満たさない場合は構外再築（工法）補償とする。

　(注)　構外再築（工法）補償の採用に当たっては、前各条件のすべてが困難
　　　である旨の資料等を十分備えたうえで、慎重に判断する必要がある。

■ 要旨

　一団の土地内において、建物を移転することによって、現状の機能が確保
できるかの条件について判断基準にそって検討し、補償する方法を明示した
ものである。そのためには保管場所を確保するために住家を移転するという
必然性が要求されることはいうまでもないところである。

■ 解説

① 　判断基準の「……建物本体の一部を移転の対象……」とは、起業地外又
　は残地に保管場所を確保することによって当該建物の移転補償として構内
　再築工法もありうるので、判断にあたっては慎重に対処すべきである。

② 　構内で建物を改造するとした場合に構外再築の費用より多額になったと
　しても構内での機能回復を採用することの良否については、移転先の検討
　にあたって手順を踏んで各条件ごとに検討をしていることから、通常妥当
　と認められる移転先に通常妥当と認められる移転方法として決定されたと
　いえるので、原則として経済比較の必要はない。

第1章　自動車の保管場所の確保に要する費用の補償取扱要領の解説

③　保管場所の補償は機能に着目した補償であることから、建物の改造工法、構内再築工法では建物と一体とした構造となる場合があり、その場合は当該施設に対応する従前施設については、原則として補償の必要はない。

○一般住宅敷地内にある保管場所の場合

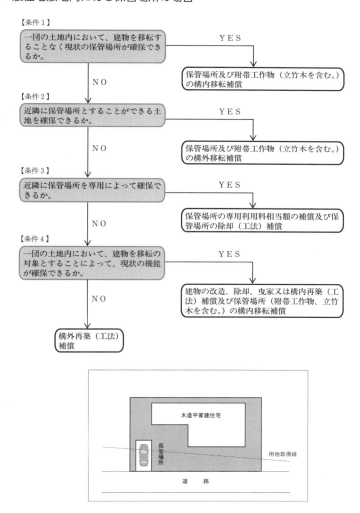

2.
共同住宅（貸家）敷地内にある保管場所の場合

　自動車の保管場所付平家または二階建共同住宅（貸家）の場合で生活上自動車が不可欠な地域において次の条件により判断する。

■ 要旨
　貸家するにあたって保管場所がないと借り手がない、つまり借家人の生活上自動車が不可欠な地域において保管場所の移転が必要となった場合の条件について規定したもので、補償を受ける者は、土地の所有権又は賃借権等を有し貸家を所有している者である。
　なお、保管場所を専用によって確保することを検討条件にしなかったのは、貸駐車場を用意し、貸家の条件とする実態は一般的ではないためである。

■ 解説
　平家又は二階建の建物が存する土地としているのは、一般住家敷地内にある保管場所の場合と同様な主旨である。即ち①貸家の大部分は平家又は二階建であること、②三階建以上の建物の場合には保管場所の確保の検討にあたり本要領に定める条件以外にも検討すべき事項が必要となることが考えられることから、平家又は二階建に限定したものである。また、建物の構造については、本例においても特に限定していないことから鉄筋コンクリート造等の非木造建物でも対象となるのは一般住家敷地内にある保管場所の場合と同様である。

第1章　自動車の保管場所の確保に要する費用の補償取扱要領の解説

条件　①

　当該地域は、共同住宅の用に供されている一団の土地内に保管場所を確保し、貸家の条件としているのが一般的か。

〈判断基準〉

　通勤、買物等に自動車を使用するのが一般的な地域で、かつ同地域に存する比較的多くの共同住宅（貸家）が一団の土地内に借家人用の保管場所を設置してある地域をいう。

〈補償範囲〉

・肯定の場合は、条件②に移行。

・否定の場合は、一団の土地内にできる限りの保管場所を確保する。

▮ 要旨

　共同住宅の用に供されている一団の土地内に保管場所を確保し、貸家の条件としているかが一般的かの条件について判断基準にそって検討し、補償する方法を明示したものである。この場合、機能回復を要する保管場所の数は当然喪失する保管場所の数の範囲内となる。また、そのような状況にない地域にあっては、保管場所の補償はしないことになるので、収用等によって失った保管場所の確保は貸主において適宜行うことになる。

▮ 解説

①　一団の土地内に保管場所を備えた貸家が当該地域の貸家の標準的な利用形態であるか否かの具体的認定にあたっては、地元の不動産業者、農協、地元市町村等から聴取することによって判断すればよいと考える。

②　保管場所付き貸家が当該地域の一般的な貸家といえるのであれば、具体的な補償対応について検討することになるが、一般的でない地域であれば補償する必要はない。

21

条件　②

　　建物を移転することなく一団の土地内に現状と同等の保管場所が確保できる
か。
〈判断基準〉
　　1の一般住宅敷地内にある保管場所の場合における条件①の判断基準と同
じ。
〈補償範囲〉
・肯定の場合は、1の一般住宅敷地内にある保管場所の場合における条件①の
　補償範囲と同じ。
・否定の場合は、条件③に移行。

▌ 要旨

　　貸家の条件として一団の土地内に保管場所を備えているのが一般的な地域
であっても、収用等の対象地内に存する保管場所を収用等の対象地外に確保
するために、支障物件でない貸家を当然に移転させるということにはならな
いので、建物を移転することなく一団の土地内に現状と同等の保管場所が確
保できるかの条件について判断基準にそって検討し、補償する方法を明示し
たものである。

▌ 解説

① 　判断基準の「1の一般住宅敷地内にある保管場所の場合における条件
　①」は、次のとおりである。

> 　　保管場所が収用等の対象地内に存する場合で、主たる建物を移転する
> ことなく、一団の土地内の物置、その他の附帯工作物及び立竹木を再配
> 置することによって、保管場所を含む、現状の機能が確保できるか否か
> をいう。

　　補償範囲の肯定の場合「1の一般住宅敷地内にある保管場所の場合にお
　ける条件①」は、次のとおりである。

22

第1章　自動車の保管場所の確保に要する費用の補償取扱要領の解説

　　肯定の場合は、保管場所及び附帯工作物（立竹木を含む。）の構内移
　転補償。

② 　一団の土地内において保管場所が収用等の対象地内に存するため、現状
　と同等の保管場所を確保する方法として、①主たる建物を移転させないこ
　と、②一団の土地内の物置その他の附帯工作物及び立竹木を再配置するこ
　とによって、保管場所を含む現状の機能が確保できるか否かを判断する。
③ 　保管場所が確保できる場合は、保管場所及び附帯工作物（立竹木を含
　む。）を構内移転し、その費用を補償することになる。確保できない場合
　は、現在地から概ね200メートル程度の範囲内の近隣に土地が確保できる
　か否か判断することになる。
　　なお、現状と同等の保管場所としているのは、複数の保管場所が存する
　ことから、同等すなわち同じ数の保管場所が限度となるためである。

23

条件　③

　　近隣に保管場所とすることができる土地を確保できるか。

　〈判断基準〉

　　１の一般住宅敷地内にある保管場所の場合における条件②の判断基準と同じ。

　〈補償範囲〉

　・肯定の場合は、１の一般住宅敷地内にある保管場所の場合における条件②の補償範囲と同じ。

　・否定の場合は、条件④に移行。

■ 要旨

　貸家にあっても、１の「一般住宅敷地内にある保管場所の場合」と同じく、一団の土地内で工作物及び立竹木を移動しても保管場所を確保できない場合又は保管場所を確保する余地が全くない場合において、近隣に保管場所とすることができる土地を確保できるかの条件について判断基準にそって検討し、補償する方法を明示したものである。

■ 解説

① 　判断基準の「１の一般住宅敷地内にある保管場所の場合における条件②」は、次のとおりである。

> 　「近隣」とは、現在の保管場所から、概ね200メートル程度の範囲を標準とし、具体的には、各地域の実情等によって定めるものとする。
> 　「保管場所とすることができる土地」とは、同一所有者が所有する土地であるか、あるいは、第三者が所有する土地にあっては、正常価格で土地に対する権利の取得が明らかな場合をいう。

　補償範囲の肯定の場合「１の一般住宅敷地内にある保管場所の場合における条件②」は、次のとおりである。

> 　肯定の場合は、保管場所及び附帯工作物（立竹木を含む。）の構外移

第1章　自動車の保管場所の確保に要する費用の補償取扱要領の解説

転補償。

② 近隣の範囲を「……概ね200メートル……」としているのは、一団の土地と離れて保管場所を確保する場合に、2～3分程度の時間は移動しても受忍距離であると考えられるためであり、1の「一般住宅敷地内にある保管場所の場合」と同じである。

③ 判断条件等で「……正常価格で土地に対する権利の取得が明らかな場合……」といっている判断基準は三者契約等による代替地の取得見込みがたっている状況を想定し、その場合に隣接地を取得する価格が限定価格となる場合は被補償者に負担を強いることになるので、原則として、正常価格で取得できることを前提としたもので、1の「一般住宅敷地内にある保管場所の場合」と同じである。

④ 現在地から概ね200メートル程度の範囲内の近隣に土地を確保できれば、保管場所を構外に、カーポート、コンクリート叩き等があれば併せて移転するための補償をすることになる。確保できなければ、一団の土地内で建物を現状のまま存置させ、保管場所の立体化が図れるか検討することになる。

25

条件　④

　　一団の土地内において、立体駐車場を設置することが可能であり、かつ、地域の状況から妥当か。

〈判断基準〉

　　「地域の状況から妥当か」とは、当該地域において、すでに一部立体化された駐車場が設置されている地域をいう。この場合に、使用実態、設置場所、設備の種類（機械式、半自走式、自走式）等の検討に併せて、これに要する費用と条件⑤の建物を移転の対象とする方法との費用比較によって決定する。

〈補償範囲〉

・肯定の場合は、必要最小限規模の立体駐車場の設置費用を補償。

　（注）　「必要最小限規模」とは、単に用地取得によって支障となる台数分だけでなく、立体駐車場設備を設置するために新たに支障となる分をも含めたものとする。この場合の立体駐車場設備は二段式を妥当とする。

　　　　　なお、設置する設備が機械式であって、通常の維持管理費等が必要と認められる場合には、その費用を含めて補償することができるものとする。

　　　＊　維持管理費は次式による。

　　　〔算定式〕

$$維持管理費 = A \times \frac{(1+r)^n - 1}{r(1+r)^n}$$

　　　イ．Aは、新設した施設に係る年均等化経常費から既存の施設に係る年均等化経常費を控除した額とする。

　　　ロ．rは、年利率とし、公共用地の取得に伴う損失補償基準細則（昭和38年3月7日用地対策連絡会決定）第42に定める率とする。

　　　ハ．nは、新設した施設の維持管理費の費用負担の対象となる年数とし、当該補償施設の一代限りとする。

・否定の場合は、条件⑤に移行。

▌要旨

(1)　近隣に土地を確保できない場合、保管場所を集約配置する方法が考えられることから、一団の土地内において立体駐車場を設置することが可能で

あり、かつ、地域の状況から妥当かの条件について判断基準にそって検討し、補償する方法を明示したものである。この場合、単に物理的に可能であっても、地域として立体駐車場方式が受け入れられるかどうかという点を配慮することにしたのは、補償の正当性を求めたためである。

(2) 立体駐車場の設置場所を確保するために潰さなければならない保管場所についても機能回復する台数に加えるのは当然であり、設置する立体駐車場が機械式で維持管理費等が必要であれば補償することを明記した。

■ 解説

① 立体駐車場を設置することについて、地域の状況から妥当か否かについては、具体に地域の駐車場の何割に至ったから是とするのではなく、実地調査、航空写真等から現状を、不動産業者、地元精通者等からは駐車場の立体化傾向を把握することにより判断するのが妥当であろう。

② 立体化が図れる場合、保管場所の一部を立体化することによって従来と同数を確保できるのであれば当然平面との併用となる。

③ 建物を現状のままで保管場所の使用実態、立体設備の設置場所を検討し、設置する立体駐車場設備の種類については、単に経済性だけでなく、当該地域での実態をも考慮して算定し、具体に設備の種類を決めることになる。

この場合、機械式を採用し、通常の維持管理費が必要であれば、設備の一代限りを補償することができる。

④ 保管場所の立体設備の種類として例示されている機械式とはリフト等により二階に上げる方式、半自走式とは二階までリフトで上げ所定の場所までは自走する方式、自走式とは坂路を設け所定の場所まで自走する方式をいう。

⑤ 機械式の設備を設置した場合に、維持管理費が定期的に必要となる場合に補償することができることとし、この場合の算定式は、期末払年金現価率によることとした。この算定式は、一定金額を毎年定期に支払う必要額の合計額を補償時点で一括して支払うことから、その必要額を算定するためのものである。

(参考)

年率 r 年度 n	1.0%	1.5%
10年	9.4713	9.2222
15年	13.8651	13.3432
20年	18.0456	17.1686

第1章　自動車の保管場所の確保に要する費用の補償取扱要領の解説

条件　⑤

一団の土地内において、建物を移転の対象とすることによって、現状の機能が確保できるか。

〈判断基準〉

1の一般住宅敷地内にある保管場所の場合における条件④の判断基準と同じ。

〈補償範囲〉

・肯定の場合は、1の一般住宅敷地内にある保管場所の場合における条件④の補償範囲と同じ。

・否定の場合は、分割又は構外再築（工法）補償。

（注）　共同住宅であることから、建物の一部を分割して構外に移転する工法が想定されるが、採用するにあたっては、前各条件のすべてが困難である旨の資料等を十分備えたうえで、慎重に判断する必要がある。

▌要旨

一団の土地内で共同住宅を移転せずに保管場所を確保することが以上の方法のいずれによっても不可能な場合にあっては、一団の土地内において、建物を移転の対象とすることによって、現状の機能が確保できるかの条件について判断基準にそって検討し、補償する方法を明示したものである。

▌解説

①　判断基準の「1の一般住宅敷地内にある保管場所の場合における条件④」は、次のとおりである。

収用等の範囲内に存しない建物本体の一部を移転の対象とすることによって現在の機能を確保することとし、具体の案件毎に、建物本体と保管場所を個々に確保する方法と建物本体と保管場所を一体（建物内に保管場所を確保）とする方法を選択する。

補償範囲の肯定の場合「1の一般住宅敷地内にある保管場所の場合における条件④」は、次のとおりである。

29

肯定の場合は、建物の改造、除却、曳家又は構内再築（工法）補償及び保管場所（附帯工作物、立竹木を含む。）の構内移転補償。

②　一団の土地内において、建物の配置は千差万別であることから、具体の案件毎に、①建物本体と保管場所を個々に確保する方法と②建物本体と保管場所を一体（建物内に保管場所を確保）とする方法を選択することになる。

③　建物を再配置することによって保管場所が確保できる場合の補償は、建物の改造、除却、曳家又は構内再築（工法）補償及び保管場所（附帯工作物、立竹木を含む。）の構内移転となる。

④　条件を満たさない場合は構外再築補償となる。この場合、共同住宅であることから、建物の一部を分割して構外に移転する工法も考えられ、個々具体の案件毎に慎重に判断する必要がある。

第1章 自動車の保管場所の確保に要する費用の補償取扱要領の解説

○共同住宅（貸家）敷地内にある保管場所の場合

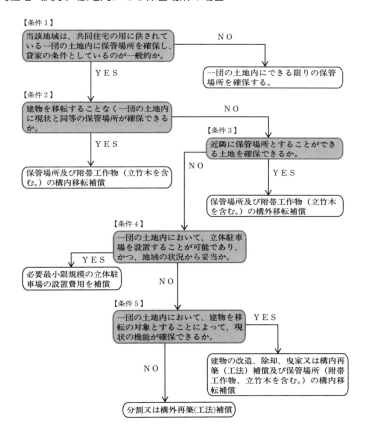

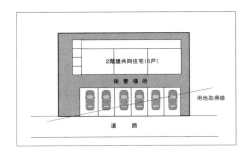

3.
業務用建物敷地内にある保管場所の場合（支障建物有）

　平家又は二階建店舗等の建物の一部が支障となり、かつ保管場所の一部が取得される場合において、次の条件により判断する。

■ 要旨
　一団の土地内で相互に関連をもった保管場所の一部および建物の一部を失っても業務機能上にほとんど影響がない場合についての条件を定めたものである。なお、近隣に専用で確保することを条件としていないが、これは、収用等される土地に建物及び保管場所が存する場合には、保管場所も相当数喪失されることが予想されることから、通常は代替の貸駐車場の確保が困難と思われるので、この標準の取扱では除外したものである。したがって、いかなる場合にも専用による代替の保管場所の確保を否定した趣旨ではない。

■ 解説
① 　平家又は二階建店舗等建物の構造は特に規定していないので、１の一般住宅敷地内にある保管場所の場合、２の共同住宅（貸家）敷地内にある保管場所の場合、および４の業務用建物敷地内にある保管場所の場合と同様に、堅固、非堅固いずれでもよいことになる。
② 　保管場所が業務用建物敷地内にあって、かつ建物の一部が支障となるケースとしては、比較的多くの駐車場を持つ郊外型のレストラン、スーパー、パチンコ店等が想定できる。この種の案件については従来は、営業補償との関連で本補償の可否を判断したところかと思われる。しかし、本要領は、このような場合にあっては、駐車場の果たす機能を認定した後、駐車場が必要であれば本要領にもとづき補償が可能である旨規定したところである。なお、本要領によらず従来どおり営業補償との関連で補償することを否定するものではない。
③ 　喪失する保管場所機能の回復の必要性についての判断は、従前の保管場所の利用状況、同種の営業体との比較等において行うのが妥当である。し

第1章　自動車の保管場所の確保に要する費用の補償取扱要領の解説

たがって、必ずしも喪失する数の保管場所を機能回復する必要はない。

条件　①

　一団の土地内において、現状と同様の形態で保管場所が確保できるか。

〈判断基準〉

　建物と保管場所の各々が収用地等の範囲に存して移転を要し、一団の土地内において建物及び保管場所の各々を移転することが可能か否かをいう。この場合の保管場所の検討にあたっては、利用状況、使用頻度（使用率）等を検討して判断する。

〈補償範囲〉

・肯定の場合は、建物の改造、除却、曳家（工法）補償及び保管場所（附帯工作物、立竹木を含む。）の構内移転補償。

・否定の場合は、条件②に移行。

■ 要旨

　一団の土地内において現状と同様の形態で保管場所が確保できるかの条件について判断基準にそって検討し、補償する方法を明示したものである。なお、機能回復する保管場所の数は、利用状況、使用率等により具体の案件毎に判定することとなる。

■ 解説

①　現状と同様の形態とは、建物の改造又は、除却（建物の一部切取り）、又は曳家を行い、保管場所を一団の土地（構内）に平面的に確保することを想定している。この場合、保管場所を確保するために移転対象となる附帯工作物、立竹木を含めて検討することとなる。

②　本条件を満たせば、建物の改造、除却又は曳家補償と附帯工作物、立竹木の補償も含めた保管場所の構内移転補償を行えばよいし、不可であれば、保管場所を残地外に分離することが可能か否かを検討することとなる。

第1章　自動車の保管場所の確保に要する費用の補償取扱要領の解説

条件　②

　保管場所の使用形態等から建物が存する一団の土地と、分離（割）が可能か。

〈判断基準〉

　現状は、同一敷地内に保管場所を確保し、建物の機能と一体で使用している場合は、移転後においても同一敷地内に存することが望ましいが、つぎに例示する使用実態等の場合には分離（割）が可能と判断することが相当である。

　(1)　従業員が通勤に使用している自動車の保管場所。

　(2)　業務用トラック等の主として夜間に多く使用されている保管場所。

　(3)　その他分離（割）が可能と認められるとき。

〈補償範囲〉

・肯定の場合は、条件③に移行。

・否定の場合は、条件④に移行。

▌要旨

　建物を改造、除却又は曳家をしても残地において現状と同様の形態で保管場所が確保できないため、保管場所の使用形態等から建物が存する一団の土地との分離（割）が可能かの条件について判断基準にそって検討し、補償する方法を明示したものである。

▌解説

①　客観的に建物と保管場所の分離（割）が可能と認められる保管場所の用途（使用目的）の例として、①従業員が通勤に使用している場合、②業務用トラック等の主として夜間に多く使用されている場合を挙げ、分離（割）が可能と認められる具体の指針を示したものである。

②　分離（割）が可能と認められる場合は、現在地から概ね200メートル程度の範囲内の近隣で土地を確保してもらうこととし、分離（割）が不可能と認められる場合は、立体化について検討することになる。

35

条件　③

　　近隣に保管場所とすることができる土地を確保できるか。

〈判断基準〉

　　１の一般住宅敷地内にある保管場所の場合における条件②の判断基準と同じ。

〈補償範囲〉

・肯定の場合は、１の一般住宅敷地内にある保管場所の場合における条件②の補償範囲と同じ。

・否定の場合は、条件④に移行。

■ 要旨

　残地では現状と同様の形態で保管場所が確保できないが、建物と保管場所の分離が可能である場合は、近隣に保管場所とすることができる土地を確保できるかの条件について判断基準にそって検討し、補償する方法を明示したものである。

■ 解説

①　判断基準の「１の一般住宅敷地内にある保管場所の場合における条件②」は、次のとおりである。

　　「近隣」とは、現在の保管場所から、概ね200メートル程度の範囲を標準とし、具体的には、各地域の実情等によって定めるものとする。

　　「保管場所とすることができる土地」とは、同一所有者が所有する土地であるか、あるいは、第三者が所有する土地にあっては、正常価格で土地に対する権利の取得が明らかな場合をいう。

　　補償範囲の肯定の場合「１の一般住宅敷地内にある保管場所の場合における条件②」は、次のとおりである。

　　肯定の場合は、保管場所及び附帯工作物（立竹木を含む。）の構外移転補償。

第1章　自動車の保管場所の確保に要する費用の補償取扱要領の解説

② 保管場所とすることができる土地とは、①現在地の所有者が所有する土地、②第三者が所有する土地にあっては、原則として、正常価格で土地に対する権利の取得が明らかな場合を想定しているところであり、権利の取得が明らかな場合とは、三者契約が可能となっている状況等をいう。

③ 土地の確保が図れれば保管場所を移転する費用としてカーポート等附帯工作物の移転補償を、立竹木も一体として移転する必要があれば合わせて補償することになる。また、不可であれば一団の土地内で保管場所の一部について立体化することが可能な使用実態にあるかを検討することとなる。

条件 ④

保管場所を一部立体化することが可能な使用実態か。

〈判断基準〉

立体化が可能か否かの判断は、当該保管場所を使用している業種、使用状況、使用頻度並びに当該地域における状況等を考慮して総合的に判断する。

〈補償範囲〉

・肯定の場合は、条件⑤に移行。

・否定の場合は、条件⑥に移行。

▌要旨

残地において現状と同様の形態で保管場所を確保できず、また現在地から概ね200メートル程度の範囲内の近隣にも土地を確保できない場合に、保管場所を一部立体化することが可能な使用実態かの条件について判断基準にそって検討し、補償する方法を明示したものである。

▌解説

① 立体化が可能か否かの判断にあたっては、業種、当該保管場所の使用状況、使用頻度並びに当該地域における保管場所の設置状況等を考慮して総合的に判断する必要がある。

② 立体化が可能であれば、残地において、現在の使用実態、立体化を図る保管場所の設置場所、設備の種類（機械式、半自走式、自走式）等の検討を行い、必要最小限規模の立体駐車場の設置費用を補償することになるし、立体化が不可能であれば、残地において、支障となった建物の構内再築工法等を含め、合理的移転先を構外とするか構内（残地）とするかについて再度検討を行うことになる。

第1章　自動車の保管場所の確保に要する費用の補償取扱要領の解説

条件　⑤

　一団の土地内において、立体駐車場を設置することが可能か。

〈判断基準〉

　２の共同住宅（貸家）敷地内にある保管場所の場合における条件④と同様に、使用実態、設置場所、設備の種類（機械式、半自走式、自走式）等の検討を行う。

〈補償範囲〉

・肯定の場合は、２の共同住宅（貸家）敷地内にある保管場所の場合における条件④の補償範囲と同じ。

　（注）　２の共同住宅（貸家）敷地内にある保管場所の場合における条件④の補償範囲の(注)と同じ。

・否定の場合は、条件⑥に移行。

▌要旨

　残地における現状と同様の形態での保管場所の確保及び現在地から概ね200メートル程度の範囲内の近隣の土地の確保がいずれも不可の場合には、残地に立体駐車場を設置することが可能かの条件について判断基準にそって検討し、補償する方法を明示したものである。

▌解説

①　判断基準の「２の共同住宅（貸家）敷地内にある保管場所の場合における条件④」は、次のとおりである。

　　「地域の状況から妥当か」とは、当該地域において、すでに一部立体化された駐車場が設置されている地域をいう。この場合に、使用実態、設置場所、設備の種類（機械式、半自走式、自走式）等の検討に併せて、これに要する費用と条件⑤の建物を移転の対象とする方法との費用比較によって決定する。

　　補償範囲の肯定の場合「２の共同住宅（貸家）敷地内にある保管場所の場合における条件④」は、次のとおりである。

39

肯定の場合は、必要最小限規模の立体駐車場の設置費用を補償。

　（注）　「必要最小限規模」とは、単に用地取得によって支障となる
　　　　台数分だけでなく、立体駐車場設備を設置するために新たに支障
　　　　となる分をも含めたものとする。この場合の立体駐車場設備は二
　　　　段式を妥当とする。

　　　　なお、設置する設備が機械式であって、通常の維持管理費等が
　　　　必要と認められる場合には、その費用を含めて補償することがで
　　　　きるものとする。

　　＊　維持管理費は次式による。

　〔算定式〕

$$維持管理費 = A \times \frac{(1 + r)^n - 1}{r (1 + r)^n}$$

　　イ．Aは、新設した施設に係る年均等化経常費から既存の施設に
　　　　係る年均等化経常費を控除した額とする。

　　ロ．rは、年利率とし、公共用地の取得に伴う損失補償基準細則
　　　　（昭和38年3月7日用地対策連絡会決定）第42に定める率とす
　　　　る。

　　ハ．nは、新設した施設の維持管理費の費用負担の対象となる年
　　　　数とし、当該補償施設の一代限りとする。

②　補償する場合においては、当該地域において、すでに一部立体化された
　駐車場が設置されている地域で、保管場所の使用実態にそうよう、設置場
　所、設備の種類（機械式、半自走式、自走式）等を検討し、これに要する
　費用と業務用建物を移転の対象とする方法との費用比較により決定するこ
　とになる。

③　立体駐車場の設置費用を補償する場合は、立体駐車場設備を設置するた
　めに新たに支障となる分をも含めた必要最小限規模の二段式までとする。
　また設置する設備が機械式であって、通常の維持管理費等が必要と認めら
　れる場合には、その費用を含めて補償することができる。なお、維持管理
　費については、年利率は用対連基準細則第42に定める率の前価計算で、補
　償対象期間は当該施設の一代限りの期間とする。

第1章　自動車の保管場所の確保に要する費用の補償取扱要領の解説

④　保管場所の立体設備の種類として例示されている機械式とはリフト等により二階に上げる方式、半自走式とは二階までリフトで上げ所定の場所までは自走する方式、自走式とは坂路を設け所定の場所まで自走する方式であることは2の共同住宅（貸家）敷地内にある保管場所の場合と同じである。

条件　⑥

　一団の土地内において、現状の機能が確保できるか。

〈判断基準〉

　基本的には、条件①と類似した検討となるが、前各条件によって保管場所の機能確保が困難と判断された時点で、支障となる建物の構内再築工法を含めた機能確保の方法即ち、合理的移転先を構外とするか構内（残地）とするかについて再度検討を行うものである。

〈補償範囲〉

・肯定の場合は、建物の構内再築（工法）補償及び保管場所（附帯工作物、立竹木を含む。）の構内移転補償。

・否定の場合は、構外再築（工法）補償。

（注）　構外再築（工法）補償の採用にあたっては、前各条件のすべてが困難である旨の資料等を十分備えたうえで、慎重に判断する必要がある。

■ 要旨

　条件①は、保管場所を残地において現状と同様の形態で機能回復を図ることとしたところであるが、この項では、一団の土地内において現状の機能が確保できるかの条件について判断基準にそって検討し、補償する方法を明示したものである。したがって業務用建物の主たる部分の移転も含めた方法になるので建物の工法としては再築工法となる。

■ 解説

① 　現状と同様の形態で保管場所の機能確保が困難と判断されたことにより、合理的移転先を構外とするか構内（残地）とするかについて検討することになる。この場合も、機能回復をする必要がある保管場所のスペースは、同種、同様の営業体との比較において行うのが妥当である。

② 　構内が合理的移転先となれば、構内再築（工法）補償及び保管場所（附帯工作物、立竹木を含む。）の構内移転補償となり、構外が合理的移転先となれば、構外再築補償となる。ただし、構外再築補償とするためには当然に残地補償の検討もする必要があり、補償の妥当性を念頭に慎重に対応

第1章　自動車の保管場所の確保に要する費用の補償取扱要領の解説

すべきと考える。

○業務用建物敷地内にある保管場所の場合（支障建物有）

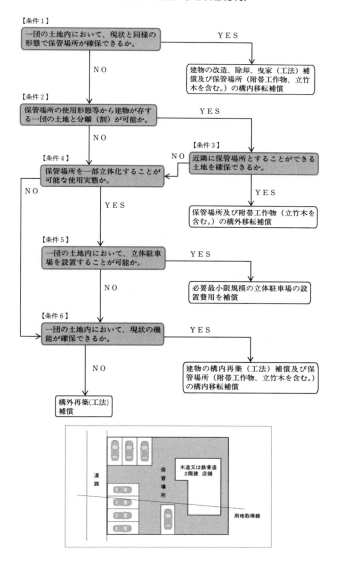

4.
業務用建物敷地内にある保管場所の場合

　平家または二階建の店舗等と一団の土地内にある保管場所のみが収用等される場合において、次の条件により判断する。

▍要旨

　平家又は二階建の業務用建物と一体となっている保管場所が存する一団の土地のうち、保管場所のみが収用等される土地に存する場合についての補償の取扱を規定したものである。

▍解説

① 　建物構造については特に規定していないので、堅固、非堅固いずれであってもよいことについては1の一般住宅敷地内にある保管場所の場合、2の共同住宅（貸家）敷地内にある保管場所の場合、3の業務用建物敷地内にある保管場所の場合（支障建物有）と同じである。

② 　収用等されることによって失うこととなる保管場所のスペースをどの程度まで一団の土地内に回復させる必要があるか否かは、従前保管場所の利用状況、同種、同様の営業体との比較等において行うのが妥当であることについては3の業務用建物敷地内にある保管場所の場合（支障建物有）と同じである。

第1章　自動車の保管場所の確保に要する費用の補償取扱要領の解説

条件　①

　一団の土地内において、建物を移転することなく現状の保管場所が確保できるか。

〈判断基準〉

　一団の土地内において、保管場所のみを移転することが可能か否かをいう。この場合の保管場所の検討にあたっては、利用状況、使用頻度（使用率）等を検討して判断する。

〈補償範囲〉

・肯定の場合は、１の一般住宅敷地内にある保管場所の場合における条件①の補償範囲と同じ。

・否定の場合は、条件②に移行。

■ 要旨

(1)　保管場所のみが支障となった１の一般住宅敷地内にある保管場所の場合、２の共同住宅（貸家）敷地内にある保管場所の場合と同様に、一団の土地内において、建物を移転することなく現状の保管場所が確保できるかの条件について判断基準にそって検討し、補償する方法を明示したものである。また、機能回復する保管場所のスペースについては利用状況、使用頻度等により具体の案件毎に判定するのは３の業務用建物敷地内にある保管場所の場合（支障建物有）と同じである。

(2)　業務用地であれば未利用部分が存することは考えにくいので、現状の保管場所の配置を変更することによって現状と同様の形態で保管場所を確保できるかを判断することになる。

(3)　現状と同様の形態とは、保管場所が平面的使用であればそのように確保し、屋根有、屋根無、コンクリート叩等の有無等も従前と同様であることを要する。

■ 解説

①　補償範囲の肯定の場合「１の一般住宅敷地内にある保管場所の場合における条件①」は、次のとおりである。

45

肯定の場合は、保管場所及び附帯工作物（立竹木を含む。）の構内移転補償。

②　一団の土地内において、保管場所のみを移転することが可能か否かについて検討するにあたっては、当該保管場所の利用状況、使用頻度（使用率）等が判断要因となる。

③　保管場所を確保するにあたっては、建物の移転は考えないが、保管場所を設置する場所に存する附帯工作物、立竹木の移転料は補償上考慮する必要がある。なお、一団の土地内で保管場所が確保できない場合は、建物と分離ができるか検討することになる。

第1章　自動車の保管場所の確保に要する費用の補償取扱要領の解説

　条件　②

　　保管場所の使用形態等から建物が存する一団の土地と分離（割）が可能か。

　〈判断基準〉

　　3の業務用建物敷地内にある保管場所の場合（支障建物有）における条件②
　の判断基準と同じ。

　〈補償範囲〉

　・肯定の場合は、条件③に移行。

　・否定の場合は、条件⑤に移行。

▌要旨

　残地において、建物を移転せずに現状の保管場所が確保できない場合に
あって、保管場所の使用形態等から建物が存する一団の土地と分離（割）が
可能かの条件について判断基準にそって検討し、補償する方法を明示したも
のである。

▌解説

① 　判断基準の「3の業務用建物敷地内にある保管場所の場合（支障建物
　有）における条件②」は、次のとおりである。

> 　　現状は、同一敷地内に保管場所を確保し、建物の機能と一体で使用し
> ている場合は、移転後においても同一敷地内に存することが望ましい
> が、つぎに例示する使用実態等の場合には分離（割）が可能と判断する
> ことが相当である。
> 　(1)　従業員が通勤に使用している自動車の保管場所。
> 　(2)　業務用トラック等の主として夜間に多く使用されている保管場
> 　　　所。
> 　(3)　その他分離（割）が可能と認められるとき。

② 　まず、(1)従業員が通勤に使用している自動車の保管場所、(2)業務用ト
　ラック等の主として夜間に多く使用されている保管場所等について分離
　（割）が可能と認められるか否かについて判断し、可能であれば分離し、

47

上記以外の目的に供されている保管場所については、同一敷地内で確保する手順を考える。次に(1)、(2)、(3)の場合にあっても分離（割）が不可であれば全ての保管場所が建物と分離（割）できるか検討することとなる。

③　分離（割）が可能であれば、現在地から概ね200メートル程度の範囲内の近隣で土地の確保ができるかを検討し、建物が存する一団の土地と保管場所が分離（割）不可であれば、保管場所の立体化ができるかについて検討することとなる。

第1章　自動車の保管場所の確保に要する費用の補償取扱要領の解説

条件　③

　近隣に保管場所とすることができる土地を確保できるか。

〈判断基準〉

　１の一般住宅敷地内にある保管場所の場合における条件②の判断基準と同じ。

〈補償範囲〉

・肯定の場合は、１の一般住宅敷地内にある保管場所の場合における条件②の補償範囲と同じ。

・否定の場合は、条件④に移行。

■ 要旨

　現存する建物を移転しないことにより残地に現状の保管場所を確保できないが、近隣に保管場所とすることができる土地を確保できるかの条件について判断基準にそって検討し、補償する方法を明示したものである。

■ 解説

①　判断基準の「１の一般住宅敷地内にある保管場所の場合における条件②」は、次のとおりである。

> 　「近隣」とは、現在の保管場所から、概ね200メートル程度の範囲を標準とし、具体的には、各地域の実情等によって定めるものとする。
> 　「保管場所とすることができる土地」とは、同一所有者が所有する土地であるか、あるいは、第三者が所有する土地にあっては、正常価格で土地に対する権利の取得が明らかな場合をいう。

　補償範囲の肯定の場合「１の一般住宅敷地内にある保管場所の場合における条件②」は、次のとおりである。

> 　肯定の場合は、保管場所及び附帯工作物（立竹木を含む。）の構外移転補償。

②　同一所有者が所有する土地、あるいは第三者が所有する土地にあって

49

は、正常価格で権利の取得が明らかな場合で現在地から概ね200メートル
程度の範囲内の近隣で詮索することになる。

③　保管場所としての土地は、収用等の対価で確保できることから、機能回
復する保管場所のスペースは喪失するスペースの範囲内となる。

④　「……正常価格で土地に対する権利の取得が明らかな場合……」とは、
1の一般住宅敷地内にある保管場所の場合と同じく、正常価格で確保がで
きる見込みが立つ三者契約の状態等を考えればよい。

第1章　自動車の保管場所の確保に要する費用の補償取扱要領の解説

条件　④

近隣に保管場所を専用によって確保できるか。

〈判断基準〉

1の一般住宅敷地内にある保管場所の場合における条件③の判断基準と同じ。

〈補償範囲〉

・肯定の場合は、1の一般住宅敷地内にある保管場所の場合における条件③の補償範囲と同じ。

（注）　1の一般住宅敷地内にある保管場所の場合における条件③の補償範囲の(注)と同じ。

・否定の場合は、条件⑤に移行。

■ 要旨

建物と保管場所が分離できるが保管場所のための土地が確保できない場合、近隣に保管場所を専用によって確保できるかの条件について判断基準にそって検討し、補償する方法を明示したものである。

■ 解説

① 判断基準の「1の一般住宅敷地内にある保管場所の場合における条件③」は、次のとおりである。

> 「専用によって確保できる」とは、専用を行う場合に、比較的容易に確保できる状況をいう。したがって、順番待ち等の状況（短期間待つことによって確実に確保できるものを除く。）にあるときは、これに該当しないものとする。

補償範囲の肯定の場合「1の一般住宅敷地内にある保管場所の場合における条件③」は、次のとおりである。

> 肯定の場合は、保管場所の専用利用料相当額の補償及び保管場所の除却（工法）補償。

51

（注）　「保管場所の専用」とは、一団の土地内に確保されている保管場所を一団の土地以外に専用することによって確保することをいう。また当該地域における標準的保管場所専用利用料相当額は、標準的な家賃と同様の方法によって定めるものとする。

　　　なお、専用利用料相当額の算定は、次式による。

専用利用料相当額＝当該地域における標準的保管場所専用料金
　　　　　　　　　（１ケ月当たり）×0.9×月数

＊．0.9は保管場所に対する管理費、土地に係る公租公課等相当分を見込み補正したものである。

＊．月数は24ケ月以内で適正に定めるものとする。

② 　この条件は、１の一般住宅敷地内にある保管場所の場合と同じく、分割移転による必要な経費増の補償として貸駐車場を確保することとしたことから、保管場所のスペースは原則として喪失するスペースと同じとなる。

③ 　貸駐車場が比較的容易に確保できる状況を想定している。可能であれば、保管場所の専用利用料相当額の補償及び保管場所の除却（工法）補償となるが、補償月数は当該地域において代替地の確保がどの程度の期間で取得可能かによって決定すればよいことになり、貸駐車場が確保できない場合は、保管場所の一部を立体化することが可能か否かについて検討することとなる。

第1章　自動車の保管場所の確保に要する費用の補償取扱要領の解説

条件　⑤

保管場所を一部立体化することが可能な使用実態か。

〈判断基準〉

3の業務用建物敷地内にある保管場所の場合（支障建物有）における条件④の判断基準と同じ。

〈補償範囲〉

肯定の場合は条件⑥に移行。

否定の場合は条件⑦に移行。

■ 要旨

建物と保管場所が分離できる状況にあるが、残地において建物を現況のまま存置すると現状の保管場所が確保できず、現在地から概ね200メートル程度の範囲内の近隣の土地も確保できず、また、貸駐車場の専用によっても確保できない場合、保管場所を一部立体化することが可能な使用実態かの条件について判断基準にそって検討し、補償する方法を明示したものである。

■ 解説

① 判断基準の「3の業務用建物敷地内にある保管場所の場合（支障建物有）における条件④」は、次のとおりである。

> 立体化が可能か否かの判断は、当該保管場所を使用している業種、使用状況、使用頻度並びに当該地域における状況等を考慮して総合的に判断する。

② 立体化が可能か否かの判断は、当該保管場所を使用している業種、使用状況、使用頻度並びに当該地域における状況等を考慮して総合的に判断する。

③ 立体化が可能であれば、具体に立体駐車場の設置を検討し、不可の場合は建物も移転の対象とすることによって保管場所の確保を検討することとなる。

53

条件　⑥

　　　一団の土地内において、立体駐車場を設置することが可能か。

　　〈判断基準〉

　　　３の業務用建物敷地内にある保管場所の場合（支障建物有）における条件⑤
　　の判断基準と同じ。

　　〈補償範囲〉

　　・肯定の場合は、２の共同住宅（貸家）敷地内にある保管場所の場合における
　　　条件④の補償範囲と同じ。

　　　（注）　２の共同住宅（貸家）敷地内にある保管場所の場合における条件④の
　　　　　　補償範囲の（注）と同じ。

　　・否定の場合は、条件⑦に移行。

■ 要旨

　　建物を移転しないとした場合、現状の保管場所が確保できず、また、近隣
での土地の確保、および貸駐車場の専用による確保のいずれも困難である場
合に、一団の土地内において立体駐車場を設置することが可能かの条件につ
いて判断基準にそって検討し、補償する方法を明示したものである。

■ 解説

①　判断基準の「３の業務用建物敷地内にある保管場所の場合（支障建物
　　有）における条件⑤」は、次のとおりである。

> 　　２の共同住宅（貸家）敷地内にある保管場所の場合における条件④と
> 同様に、使用実態、設置場所、設備の種類（機械式、半自走式、自走
> 式）等の検討を行う。

　　補償範囲の肯定の場合「２の共同住宅（貸家）敷地内にある保管場所の
　　場合における条件④」は、次のとおりである。

> 　　肯定の場合は、必要最小限規模の立体駐車場の設置費用を補償。
> 　　（注）　「必要最小限規模」とは、単に用地取得によって支障となる

第1章　自動車の保管場所の確保に要する費用の補償取扱要領の解説

台数分だけでなく、立体駐車場設備を設置するために新たに支障となる分をも含めたものとする。この場合の立体駐車場設備は二段式を妥当とする。

　なお、設置する設備が機械式であって、通常の維持管理費等が必要と認められる場合には、その費用を含めて補償することができるものとする。

＊　維持管理費は次式による。

〔算定式〕

$$維持管理費 = A \times \frac{(1+r)^n - 1}{r(1+r)^n}$$

イ．Aは、新設した施設に係る年均等化経常費から既存の施設に係る年均等化経常費を控除した額とする。

ロ．rは、年利率とし、公共用地の取得に伴う損失補償基準細則（昭和38年3月7日用地対策連絡会決定）第42に定める率とする。

ハ．nは、新設した施設の維持管理費の費用負担の対象となる年数とし、当該補償施設の一代限りとする。

② 　保管場所の立体設備の種類として例示されている機械式とはリフト等により二階に上げる方式、半自走式とは二階までリフトで上げ所定の場所までは自走する方式、自走式とは坂路を設け所定の場所までは自走する方式であることは2の共同住宅（貸家）敷地内にある保管場所の場合、3の業務用建物敷地内にある保管場所の場合（支障建物有）と同じである。

③ 　機能回復の必要となる保管場所のスペースは、立体駐車場を設置するために潰さなければならない保管場所も含め、同種、同様な営業体との比較等において決定のうえ立体駐車場を設置する費用を補償する。この場合、通常の維持管理費等についても補償できることとなっている。

条件　⑦

　　一団の土地内において、建物を移転の対象とすることによって、現状の機能
が確保できるか。

〈判断基準〉

　　1の一般住宅敷地内にある保管場所の場合における条件④の判断基準と同
じ。

〈補償範囲〉

・肯定の場合は、1の一般住宅敷地内にある保管場所の場合における条件④の
　補償範囲と同じ。

・否定の場合は、構外再築（工法）補償。

　（注）　構外再築工法の認定にあたっては、1の一般住宅敷地内にある保管場
　　　　所の場合における条件④の補償範囲の（注）と同じ。

▌要旨

　これまでの条件は、建物を移転の対象としない前提のもとに検討してきた
が、いずれも不可能な場合にあっては、一団の土地内において建物を移転の
対象とすることによって現状の機能が確保できるかの条件について判断基準
にそって検討し、補償する方法を明示したものである。

▌解説

①　判断基準の「1の一般住宅敷地内にある保管場所の場合における条件
　④」は、次のとおりである。

　　収用等の範囲内に存しない建物本体の一部を移転の対象とすることに
　よって現在の機能を確保することとし、具体の案件毎に、建物本体と保
　管場所を個々に確保する方法と建物本体と保管場所を一体（建物内に保
　管場所を確保）とする方法を選択する。

　　補償範囲の肯定の場合「1の一般住宅敷地内にある保管場所の場合にお
ける条件④」は、次のとおりである。

56

第1章　自動車の保管場所の確保に要する費用の補償取扱要領の解説

　　肯定の場合は、建物の改造、除却、曳家又は構内再築（工法）補償及び保管場所（附帯工作物、立竹木を含む。）の構内移転補償。

　　補償範囲の否定の場合の（注）「1の一般住宅敷地内にある保管場所の場合における条件④の補償の範囲の（注）」は、次のとおりである。

　　（注）　構外再築（工法）補償の採用に当たっては、前各条件のすべてが困難である旨の資料等を十分備えたうえで、慎重に判断する必要がある。

②　建物を改造、除却、曳家又は構内再築をすることによって現状の保管場所の数の範囲内の数の確保が可能であれば、最も妥当な工法による建物補償と保管場所（附帯工作物、立竹木を含む。）の構内移転補償をすることになる。

③　一団の土地内では建物を移転の対象としても現状の機能が確保できない場合は、構外再築補償となるが、残地補償も含め補償の妥当性について慎重に対応する必要があるのは他の3つの事例と同じである。

57

○業務用建物敷地内にある保管場所の場合

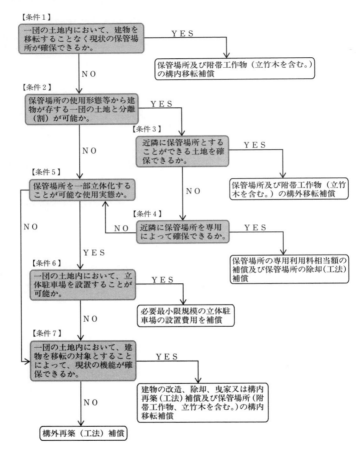

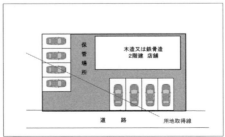

第2章
自動車の
保管場所の確保
に要する費用の
補償取扱Q&A

Chapter 2

1.
基本的事項

Q.1

なぜ、取扱要領を制定する必要があったのか。

Answer

わが国のモータリゼーションの浸透はめざましいものがある。公共用地の取得に伴う損失補償基準（昭和37年10月12日用地対策連絡会理事会決定）が制定された当時から平成元年度までのわが国の車種別自動車保有台数の推移は次表のとおりであり、乗用車の平成元年度の保有台数は、昭和35年度に比べ実に70倍となっている。

また、平成3年度末における、一世帯当たりの自家用乗用車保有台数は0.85台であり、3.52人に1台の割合で自家用乗用車を保有している。

このように、自動車は現在の日常生活又は営業活動等に不可欠となっており、その保管場所を失うことは、生活機能の喪失といえる。

この生活機能の回復という観点から、自動車の保管場所の確保について一定の要件の下で損失補償として統一的な対応・処理を図る必要があると考え、今回、取扱要領を制定したものである。

第２章　自動車の保管場所の確保に要する費用の補償取扱Ｑ＆Ａ

（単位：千台）

区分＼年度	乗用車	トラック	バ　ス	その他	小型二輪軽自動車	計	前　比
昭和35年度	440	1,316	58	80	1,510	3,404	
昭和40年度	1,878	2,861	105	173	3,106	8,123	239%
昭和45年度	6,777	5,437	190	375	6,140	18,919	233%
昭和50年度	14,822	7,341	220	636	6,124	29,143	154%
昭和55年度	21,543	8,626	229	852	7,742	38,992	134%
昭和60年度	25,847	8,306	231	944	12,913	48,241	124%
平成元年度	30,882	8,613	242	1,237	17,020	57,994	120%

注１　「その他」は、特種用途車、大型特殊車及び被けん引車である。
　２　千台未満は四捨五入とした。
　３　50年度から沖縄県分を含む。
（注）　本表は平成３年版「数字で見る自動車」発行㈳日本自動車会議所より

Q.2

補償取扱要領の性格如何。

Answer

本要領は、代表的事例についての標準的取扱を規定したものである。

機能回復を必要とする全ての保管場所を対象として補償取扱要領を策定しなかったのは、保管場所支障の状況、建物と保管場所の位置関係、残地の状態、建物の構造・規模・用途、地域特性等保管場所に係る要素が複雑多岐にわたるためである。したがって、本要領に定めのない保管場所についても、本要領に準拠して機能回復の必要性が十分に認められる事例については、個別に機能回復の方法を検討したうえで補償対応することは可能である。

Q.3

本要領に基づく補償は、補償基準の何条に該当するのか。

Answer

本要領に基づく補償の公共用地の取得に伴う損失補償基準（通称用対連基準、以下「基準」という。）上の根拠条文は、次のとおりである。

保管場所の移転料……………………28条

附帯工作物（立竹木を含む。）……59条

保管場所の専用利用相当額…………59条

保管場所の除却（工法）費…………59条

建物移転料……………………………59条

立体駐車場設置費用…………………59条

自動車の保管場所の確保に必要な残地内の建物等の移転に要する費用の補償については、基準第28条及び第54条に該当するとする意見もあるが、次の理由により第59条に該当するものとして判断することが合理的である。

(1) 近隣の保管場所（貸駐車場）の専用利用料相当額の補償は、第59条を根拠として適用となること。

(2) 取得等する土地に車庫、コンクリート叩等の工作物等が存しない場合の根拠条文は、第28条以外の根拠が必要であること。

(3) 取得等する土地に車庫、コンクリート叩等の工作物等が存するか否か、あるいは機能回復の方法によって根拠条文を違えることは、根拠条文の整理が複雑になるだけで実質的な意味がないこと。

第2章　自動車の保管場所の確保に要する費用の補償取扱Q＆A

Q.4

本要領に基づく補償を、取得等する土地の土地代金等の補償と別個に補償する必要性はあるのか。

Answer

　公共事業用地の取得は一般の土地取引市場における取引の形態とは異なり、現状の土地利用形態を無視した形で一団の土地の一部を取得する場合があり、現状の土地利用の一部を喪失することにより従前機能に障害をきたしたと認められるときはこれを損失ととらえ、例えば、残地で従前機能の回復が可能なときにはそれに要する費用を取得する土地の代金とは別個に補償しているところである。

　自動車の保管場所を含む一団の土地全部を取得する場合には、勿論、土地代金と別に自動車の保管場所の確保に要する費用の補償を行う必要はないが（保管場所の移転料は補償する。）、一団の土地の一部を取得する場合で保管場所機能を喪失するときには、従前機能の回復を行うために要する必要最小限の費用を土地代とは別個に補償する必要がある。

Q.5

補償を受けられる者は誰か。

Answer

　保管場所の設置者（残地内の建物の所有者）に対して補償するものである。したがって、借家（間）人は補償当事者の地位になく、また、比較的短期間で居住地を変更することや、もともと近隣の貸駐車場の使用者も多いことなどから補償対象となる者から除外した。

　なお、支障となる保管場所を利用している借家（間）人が、土地収用法第43条に規定する準関係人（損失の補償の決定によって権利を害される虞のある者）に該当する場合には、別途検討を行うものとする。

　自家自用者（一部借地を含む。）……補償を受けられる。

　借　　地　　人……補償を受けられる。

　貸　　家　　人……地域によって補償を受けられる。

　借家・借間人……補償を受けられない。ただし、準関係人の場合は別途検討。

第 2 章　自動車の保管場所の確保に要する費用の補償取扱Q＆A

適用範囲等関係

Q.6

要領は、一団の土地以外に借上げた保管場所の使用者を対象外としているが、同所有者（貸主）は対象となるのか。

Answer

貸主は、保管場所の一部が取得等されることにより未収となる駐車料金等を補償される土地代金等で新たな駐車場敷地の購入あるいは別途に資金運用する等して収益を得ればよく、本要領による補償の必要はないと考える。

Q.7

保管場所の借上げ確保の可否及び一団の土地以外での保管場所確保が行われている地域であるかの判定は地元不動産業者等からの聞き込みで行うと規定されているが、地元不動産業者等の「等」は具体的にどのような者をいうのか。また、聞き込み結果を書面で残しておく必要はあるか。

Answer

銀行、農業協同組合、地元精通者等、地元の不動産取引等の情報に精通している者である。

聞き込み結果については、複数の者からの聞き込みを用地交渉記録等に記載しておくなどの方法も考えられるので、各起業者において適正に運用されたい。

定義等関係

Q.8

「自動車の保管場所」の定義の後段の「前者と同等の利用形態にある場所」とは、どのような場所か。

Answer

業務と密接不可分な車両の駐車のための場所で、スーパー等の顧客用の駐車場、工場等の資材搬出搬入の車両のための駐車場等をいう。

Q.9

保管場所であることの認定はどのように行うのか。

Answer

自動車を通常保管している場所を実態調査により確認する方法で行う。

Q.10

「一画地」ではなく「一団の土地」としたことに理由はあるのか。

Answer

土地の所有形態に関わらず、連続して同一人が利用している範囲を一つの単位としたことから「一団の土地」とした。

第2章　自動車の保管場所の確保に要する費用の補償取扱Q&A

Q.11

道路を挟んで建物敷地と保管場所が存する場合は、両者一体で「一団の土地」となるか。

Answer

一団の土地とはならない。

画地内に建物と共に存する保管場所と分離されている保管場所とでは機能的一体利用の程度が異なるため、保管場所が建物敷地と連続して一体性を有していない場合は、位置的に一体性を有している場合と同等に取り扱う必要はない。

ただし、保管場所が建物敷地と連続して一体性を有していない場合にあっても、業種等によっては本要領の取扱に準じた保管場所の確保に要する費用の補償が必要となるケースも考えられるので、このような場合には、準じて取り扱うことの必要性等を十分に整理しておく必要がある。

Q.12

借地権等の「等」にはどのような権利が含まれるのか。また、所有権と所有権以外の権利が混在しているのではなく、利用画地に関する権利が全て借地権の場合でも「一団の土地」となるか。

Answer

建物の所有を目的としない地上権、賃借権、使用借権等が含まれる。

利用画地に関する権利が全て借地権の場合でも「一団の土地」となる。
（Q.6参照）

67

Q.13

所有権以外の権利に占有権（占有する正当な権利を有しない場合。）は含まれ
るか。

Answer

占有する土地に存する物件等が支障となった場合の取扱に準ずるものとす
る。

第２章　自動車の保管場所の確保に要する費用の補償取扱Q＆A

補償の手順関係

Q.14

保管場所の一部又は全部が直接収用等の対象とならない場合は要領が適用とならないのか。

Answer

要領の対象とならない。

保管場所の一部又は全部が直接収用等の対象とならない場合においては、収用等される土地内に建物が存するときは、支障建物の移転工法において保管場所の位置替え等の必要の有無等について検討すればよく、収用等される土地内に建物が存しないときは、保管場所の位置替え等の必要性がないためである。

Q.15

「本例示に該当しない場合は個々の具体的な実情に照らして妥当な補償になるよう適正に運用するものとする。」と規定されているが、積極的に運用してよいのか。

Answer

一団の土地内に存する施設と保管場所（自動車）が本例示と同等又はそれ以上に密接不可分の関係にある場合には、本要領に準じて適正に運用してよい。

69

2.
一般住宅敷地内にある保管場所関係

Q.16

農家住宅敷地内の保管場所は対象にならないか。

Answer

対象となる。

ただし、保管場所とは、車庫、空地その他自動車を通常保管するための場所をいうものであるので、住宅敷地において、玄関前の空きスペース、農作業用スペース等を一時的、便宜的に保管場所として利用している場合の当該保管場所は本要領の保管場所には該当しない。一方、現状は車庫、上屋、コンクリート叩等がなくても、仮にこれらを設置しようとすれば、建物等の配置の状況等から設置可能な状況にある常時自動車を保管している場所は、本要領の保管場所に該当する。

第2章　自動車の保管場所の確保に要する費用の補償取扱Q&A

Q.17

なぜ、対象とした建物は二階建までなのか、三階建以上の建物が存する一団の土地内の保管場所に対しては回復の必要性を認めないのか。また、二階建までであれば、鉄筋コンクリート造等の非木造建物も対象となるのか。

Answer

建物の大部分はその階層が平家又は二階建であること、三階建以上の建物の場合には保管場所の確保の検討に当たり、本要領に定める条件以外にも検討すべき事項が必要となることも考えられることから、標準的な階層である平家又は二階建に限定したものである。しかし、三階建以上の建物が存する一団の土地内の保管場所について回復の必要性を認めないというのではなく、個々具体の実情に照らし回復の必要性、回復の方法等を本要領に準じて検討することになる。

また、二階建までであれば、鉄筋コンクリート造等の非木造建物も対象となる。

Q.18

「生活上自動車が不可欠な地域」とはどのような地域か。また、本要領は、自動車が日常生活又は営業活動等に不可欠となってきたため制定されたのであるから、あえて、この表現は必要ないのではないか。

Answer

通勤、買物等日常生活上自動車が必要不可欠で地域内のほとんどの世帯が自動車を保有している地域、若しくは保管場所付住宅が連たんしている地域をいう。

本規定は、自動車による生活上の便益の喪失を他に転換できない地域又は転換することが一般的でない地域内の保管場所に関する規定である。

必ずしも生活上の便益として自動車を保有することが一般的ではない地域もあると思われるので、その主旨をこのような表現にしたものである。

71

条件2

Q.19

「近隣に保管場所とすることができる土地を確保できるか。」は、誰が判断するのか。

Answer

被補償者の意向調査等も行いながら、起業者が判断する。

なお、近隣に被補償者が所有等する土地があり、かつ、当該土地が起業者から見て保管場所とすることが可能であると思われる状況にあって、相手方から「保管場所とする土地がある。」という意思表示がないときは、起業者から「○○の土地は保管場所とならないのか。」等の交渉が必要である。この場合において、被補償者から「○○の土地を保管場所とすることはできない。」と意思表示があったときはその理由を聴取するものとし、その結果、合理的な理由が存在しないと認められるときにおいては、「○○の土地」を保管場所とすることができる土地と判定するものとする。

Q.20

「近隣」の範囲（現在の保管場所から概ね200メートル程度）について、各地域の実情によって定める方法は。また、直接距離、道路距離のいずれによるのか。

Answer

地域内の貸駐車場数箇所について、利用者の居宅と当該利用貸駐車場との平均距離（道路距離）を調査するなどして定める。

第 2 章　自動車の保管場所の確保に要する費用の補償取扱Q＆A

Q.21

「正常価格で土地に対する権利の取得が明らかな場合。」と規定しているが、これは例えば三者契約をいい、三者契約以外の方法で取得が可能な土地は、保管場所とする土地に該当しないのか。

Answer

必ずしも三者契約による権利の取得の確実性を求めているものではなく、被補償者の「保管場所とする土地が取得できる。」という意思表示があればよい。

「正常価格で……」の表現については、例えば、代替保管場所用地の提供者がいる場合に、起業者が、「保管場所とすることができる土地がある。」と相手方に協議できるのは、当該提供価格が正常価格のときであること等を規定したものである。

Q.22

補償範囲に「肯定の場合は、……構外移転補償。」とあるが、構内移転補償となることはないのか。

Answer

「保管場所とすることができる土地」が一団の土地の隣接地の場合には、構内移転補償となる。

73

条件3

Q.23

「専用によって確保……。」とは、どのような確保の方法をいうのか。

Answer

貸駐車場を利用することによる保管場所の確保をいう。

なお、「近隣に保管場所を借上げることによって確保……」とすべきという意見もあるが、場所（土地）の借上げ、土地の賃貸借による利用の状況ではなく、その場所を特定の者（貸駐車場利用契約者）が利用できる状態を示すものとして「専用によって……」という表現になっている（貸駐車場利用契約が土地の賃貸借であると考えると、「賃貸借に要する費用は収用等される土地の対価を充てればよい。」と解釈されかねない）。

Q.24

専用利用料相当額を求める計算式中、月数を24ケ月以内とした理由は何か。一団の土地内に存する建物の残耐用年数とすることが合理的であると思うが。

Answer

近隣に保管場所を専用によって確保するのに要する費用の補償は、用対連基準及び同細則の運用申し合せ第7の規定（分割移転等による必要な経費増の補償は二年程度の範囲内で適正に算定した額とする。）と類似の性格を有するので、24ケ月以内と決定した。

検討過程においては「建物の残耐用年数とすべき。」という意見もあったが、同一地域内において建物の経過年数によって補償額に著しい差異を生ずることになることなどから採用しなかった。

第 2 章　自動車の保管場所の確保に要する費用の補償取扱 Q & A

Q.25

「保管場所の除却（工法）補償」には撤去費用のほか従前保管場所の現在価値
相当額が含まれると理解してよいか。

Answer

含まれる。なお、発生材がある場合には当然に同価額を控除することにな
る。

Q.26

貸駐車場を探す費用や、利用する場合の権利金、敷金、契約に要する費用等に
対する補償が必要ではないか。

Answer

貸駐車場の選定に要する費用、権利金、敷金等は、貸駐車場の利用に伴う
一般的な費用とは認められないと思われる。地域の実態としてこれらの費用
を支出することが通常である地域については、適正に運用するものとする。

契約に要する費用（印紙代）については、印紙税法別表第一課税物件表に
掲げる文書を作成することが一般的な地域においては、適正に運用するもの
とする。

75

条件4

Q.27

判断基準の「……建物本体の一部を移転の対象とすることによって……」は、補償の範囲に構内再築（工法）と記述されているので、「保管場所の機能回復に直接必要となるスペースは建物本体の一部であるため建物本体の一部と規定したものであり、構内再築（工法）は、保管場所の機能を回復するために支障となった建物本体の一部の機能回復の結果として建物本体の全部が移転の対象となった。」という解釈でよいか。

Answer

解釈のとおりである。

Q.28

判断基準に「具体の案件毎に、建物本体と保管場所を個々に確保する方法と建物本体と保管場所を一体（建物内に保管場所を確保）とする方法を選択する。」と規定されているが、各案件ごとに必ず両者を比較検討して選択する必要があるのか。

Answer

各案件ごとに必ず両者を比較検討して選択する必要はない。

従前の建物本体と保管場所の位置関係、残地の形状、建物本体の移転工法、両方法の経済性等を総合的に把握した上で、両者の比較検討の必要性について常識的に判断すればよい。

第2章　自動車の保管場所の確保に要する費用の補償取扱Q＆A

3.
共同住宅（貸家）敷地内にある保管場所関係

Q.29

分譲マンション敷地内に存する保管場所の取扱は。

Answer

　分譲マンション敷地内に存する保管場所は、本要領の対象としておらず（一般的には保管場所確保のために再築工法による建物の移転は考えられない。）、保管場所付分譲マンション（管理組合等が管理する保管場所ではなく、建物の区分所有者が保管場所の敷地をそれぞれ所有し、利用している保管場所付分譲マンション）の保管場所の一部又は全部が支障となった場合には、個別に機能回復の必要性、回復方法等について検討することになる。

※国土交通省事務連絡（H25.3.29）一部抜粋
3　分譲マンション敷地内に存する保管場所について
　　分譲マンション敷地内に存する保管場所については、本要領が平家建又は二階建の建物の存する一団の土地内の自動車の保管場所を対象とし、一般的には保管場所の確保のために再築工法による建物の移転は考えられないことから、本要領の対象とはしていない。
　　なお、分譲マンション敷地内に存する保管場所の一部又は全部が支障となった場合には、本要領のうち参考となる事項については、これに準じて、個別に機能回復の必要性、回復方法等について検討し、適正に運用するものとする。

77

条件1

Q.30

一団の土地内に借家人用の保管場所を設置している共同住宅が地域内に点在するケースが多いと思われるが、このような地域は「貸家の条件としているのが一般的な地域」と判定してよいか。

Answer

「貸家の条件としているのが一般的な地域」とならない。

借家人のための保管場所を備えていることを貸家の条件としているアパート等が地域内に存するアパート等の全体数から見て点在若しくは混在程度の場合には、残地内の建物の移転又は立体駐車場（保管場所）の設置等による機能回復の必要性まで認められない。

Q.31

補償の範囲に「否定の場合は、一団の土地内にできる限りの保管場所を確保する。」と規定されているが、従前の保管場所数が減少してもやむを得ないと考えてよいか。

Answer

保管場所がなくても貸家の需要がある地域においては保管場所数が減少しても（全部がなくなったとしても）影響がないと考えている。

条件4

Q.32

二段式の立体駐車場にはどのようなものがあるのか。

Answer

一般に次のようなものがある。

機械式立体駐車場

二段方式

この方式は駐車室を2段にしたもので、簡易に床面を有効に利用することを目的としたものである。

機構的には多種多様で昇降横行式などがある。

自走式立体駐車場

一層二段自走式

自走式の2階建駐車場で、1階から2階へはスロープで移動する。従来の平面駐車場の面積を2倍にいかせ有効な土地利用が可能である。

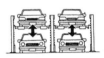

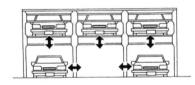

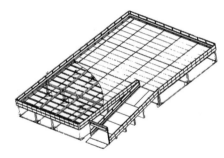

4.
業務用建物敷地内にある保管場所（支障建物有）関係

条件2

Q.33

業務用トラック等の主として夜間に多く使用されている保管場所であっても、地域特性（積雪地）等から分割することが困難な場合もあるが、このような場合の取扱は。

Answer

　要領は標準的取扱であるので、例示した保管場所であっても、地域の特性等から分離（割）することが困難であると認められ、かつ、地域内の同業種の営業体においても分離（割）されている例がない場合には、その旨の資料を整理の上、分離（割）することが困難であるとしての処理を行うことは可能である。

条件6

Q.34

補償範囲の肯定の場合の建物の構内再築（工法）は構内移転の一形態であると思うが、条件1の補償範囲になぜ含めなかったのか。

Answer

　保管場所確保の合理的な方法として、残地建物の構内再築を伴う方法は、条件1以外の条件を検討する必要があるため別条件の項にした。

第2章　自動車の保管場所の確保に要する費用の補償取扱Q&A

5.
その他

Q.35

一般住宅敷地内にある保管場所の確保の方法に立体駐車場の設置がないのはなぜか。

Answer

近年、わが国のほとんどの世帯が自動車を保有し、自動車が家庭生活及び業務において欠くことのできない機能となってきたことにかんがみ、本要領が制定されたものである。

残地内に立体駐車場を設置して保管場所機能の回復を行うのは、現状で2以上の保管場所を有している場合である。

一般住宅において2以上の保管場所を保有している場合もあるが、ほとんどの世帯で保有しているわけではなく、一般的ではない。

本要領は、標準的な自動車の保管場所に対する標準的な取扱を示したものなので、残地内に立体駐車場を設置して保管場所機能の回復を行う方法から一般住宅敷地を除外したものである。

なお、一般住宅敷地内に2以上の保管場所の一部又は全部が取得等される場合の取扱については、具体例に即して、機能回復の必要性、残地内に立体駐車場を設置する方法を含めた合理的な回復方法等を個別に検討して、適正に運用する必要がある。

※国土交通省事務連絡（H25.3.29）一部抜粋
1　一般住宅敷地内に存する保管場所について
　残地内に立体駐車場を設置して保管場所の機能回復を行うのは、現状で2以上の保管場所を保有している場合である。
　一般住宅敷地内において2以上の保管場所を保有している場合もあるが、一般住宅で立体駐車場を設置した事例はほとんどなく、一般住

81

宅敷地内に立体駐車場を設置することは一般的ではないと考えられる。

本要領は、標準的な自動車の保管場所に対する標準的な取扱いを示したものなので、残地内に立体駐車場を設置して保管場所の機能回復を行う方法から一般住宅敷地を除外したものである。

なお、地域の実情等により、残地内に立体駐車場を設置する方法を検討する場合は、本要領第3条(1)の表中番号四を準用し、適正に運用するものとする。

Q.36

近隣に保管場所を専用によって確保する（貸駐車場の利用）機能回復方法について、共同住宅敷地を対象外とした理由は何か。

Answer

共同住宅において近隣の貸駐車場を利用する者は借家（間）人であり、建物所有者が借家（間）人のために近隣の貸駐車場を借り上げている例は一般的ではないため、対象外とした。

Q.37

本要領による補償は、構内再築補償と構外再築補償の経済比較は必要ないのか。

Answer

経済性の検討は、一般の移転工法の検討における判断基準と同様に取り扱うものとする。

例えば、残地が合理的な保管場所の移転先となるか否かを検討するに当たり、残地内での機能回復に要する費用が構外で機能回復を行う場合に要する費用を著しく上回らないときは、残地内機能回復の方法によることができるものとし、その判断は一般の移転工法の検討における判断基準と同様に行う

第 2 章　自動車の保管場所の確保に要する費用の補償取扱Ｑ＆Ａ

ものとする。

Q.38

残地内に存する従前の保管場所の跡地及び移転先地の整地費用は補償できるか。

Answer

これらの整地が必要と認められる場合に限り、当該整地に要する費用の補償を行うことができる。

Q.39

残地内の建物等の再配置に伴う工事期間中の保管場所確保に要する費用の補償が必要になると思うが。

Answer

工事期間中、費用の支出を伴わない方法で保管場所を確保することが一般的であると思われるので、補償の必要はないと考える。

Q.40

残地内の建物等の移転に要する費用を補償する場合は、履行確認の必要があるか。

Answer

用対連基準第28条第 1 項の関連移転の規定に準じ、履行確認の必要はない。

ただし、残地内の建物等の移転に要する費用の補償は、同規定に準じ、建物等の所有者の請求により行うものとする。

Q.41

要領が制定されたことにより、補償額が増額することになるのか。

Answer

　本要領は、従来、必ずしも明確でなかった補償の根拠、機能回復の方法、補償の範囲等を今回整理したもので、新規に補償項目が追加されたわけではないため、補償額が増額するものではない。

Q.42

機能回復の方法に相違があってよいのか。

Answer

　本補償は、現有機能の回復を目的として行うものであり、このことは、いかなる事例に対しても共通な考えである。したがって、それぞれの保管場所の使用形態、一団の土地における建物等の配置、残地の状況、地域の状況等の個別性を総合的に判断して決定される合理的な回復方法を同一とすることは困難であり、事例によって機能回復の方法が異なるとしても補償の均衡を欠くものではない。

第2章　自動車の保管場所の確保に要する費用の補償取扱Q＆A

Q.43

例えば、「一般住宅敷地内にある保管場所の場合」の取扱において、条件1で肯定となった場合には条件2以降の検討は不要と解してよいか。

Answer

保管場所機能の回復方法を決定するに当たり、原則的には経済性の検討は必要であると考えている。したがって、条件1で肯定となった場合であっても条件2以降の回復方法の経済性を検討する必要があると認められるときは、検討を行うものとする。

ただし、この場合において、残地内での機能回復に要する費用が構外で機能回復を行う費用を著しく上回らないときは、残地内機能回復の方法によることができるものとする。経済性の検討は、一般の移転工法における判断基準と同様とする。

Q.44

近隣に保管場所とすることができる土地を確保できる場合において、同土地に整地又は造成工事を必要とするときは、これらに要する費用の補償は可能か。

Answer

整地費の補償は可能であるが、造成工事費用は原則として補償困難と考える。

85

Q.45

　貸駐車場の全部又は一部が支障となる場合において、同駐車場の経営者及び利用者は要領に基づいた補償を受けられるか。

Answer

　いずれも補償を受けられない。

　貸駐車場の経営者は、支障となった土地の土地代金で代替の土地を購入して貸駐車場とするか、あるいは土地代金を別途資金運用することにより収益を得ればよく、利用者も別の貸駐車場を借り換えればよい。

第2章　自動車の保管場所の確保に要する費用の補償取扱Q&A

Q.46

都市計画道路の区域内に存する保管場所は要領の対象となるか。

Answer

(1)　問いの主旨は、「都市計画決定後においては、都市計画施設の区域内に存する土地の権利者は当該土地が将来都市計画事業の用に供される土地であることを知り得るので、例えば、都市計画決定後において設置された保管場所に対する補償の要否についてどのように考えるべきか。」ということであると思われる。

　このように考えると次に示すように保管場所の状態により補償の要否について検討することも考えられる。

①　保管場所の設置の時期が都市計画決定の前か、後か。

②　保管場所として建築物が存する場合、都市計画法第53条の許可を得ているか否か（もっとも、保管場所としての建築物の多くは政令に定める軽易な行為として許可不要であると思われるが）。

(2)　ところで、都市計画施設の区域内の物件、機能についての補償の要否の検討については、保管場所に限定的に生ずる問題ではなく、同区域内の建物等の移転にも共通の問題である。したがって、都市計画施設区域内の保管場所の機能回復については、同区域内の他の物件の機能回復（移転）との均衡を考慮しながら決定する必要があるが、都市計画施設の区域内の一般の物件に対する補償については概ね次の理由により移転料を補償している。

①　損失補償基準要綱第13条は「占有権に対しては補償しない。」としているものの、物件に対する移転料は補償すべしとしているのが一般的であること。

②　公用制限違反建築物に対しても移転料を支払わなければならないとする法制局回答があること。

③　行政財産である土地の使用許可の取り消しの場合の補償について、「物件移転料の補償は必要である。」とする判例があること。

(3)　自動車の保管場所の機能がこれら支障物件と何ら変わらない機能である

87

とすれば、保管場所の機能回復に伴い建物移転料の補償までもやむを得ないものとなるが、次の理由により、都市計画施設の区域内の保管場所の機能回復については、要領の対象とはせず、個別の事例ごとに補償の要否、機能回復の方法、補償額を決定することになる。

① 都市計画決定以後において設置した保管場所は、一団の土地の利用者が将来用地を取得されることを前提にして保管場所を設置しているので、保管場所の機能回復の必要がないケースも考えられること（将来保管場所が喪失した場合の対応策をあらかじめ考慮しているので、保管場所喪失に伴う損失がない場合）。

② 将来取得されることが前提である用地に保管場所を設置し、同保管場所が喪失したからといって、その機能回復のために残地の建物まで移転することが一般的、標準的であるとは思えないこと。

③ 補償は、公平性を確保する必要があること（ただ補償を受けることを目的として都市計画施設区域内に自動車を存置しているような場合は補償の対象から排除する必要がある）。

(4) なお、個別の事例ごとの検討に当たっては、以下の項目についての検討が必要となる。

① 保管場所の設置と都市計画決定の前後関係（都市計画決定以前に設置された保管場所であれば要領の取扱と同様になるが、以後に設置した保管場所の場合にはより慎重な検討が必要となる）。

② 機能回復をすることが通常妥当といえるか（「補償をしたが相手方が履行をしなかった。」というようなことが頻繁に出てくるようだと通常妥当とはいい難い）。

③ 特に、立体駐車場の設置及び建物の移転による機能回復の必要性については慎重な判断を要する。

④ 補償の決定方法が第三者から見て妥当なものであること。

第3章
ケーススタディー
―形態別設例に基づく
補償指針と補償内容―

Chapter 3

事例1

　一般住家の保管場所の一部が支障となり、一団の土地内において、建物を移転することなく現状の保管場所を確保した例。

1　生活上自動車が不可欠な地域か

　地域における世帯別自動車保有率を見ると、ほぼ100パーセントの普及率であり、当該地域の自動車と日常生活との関連からの標準的使用は、通勤、買い物、レジャー等のために利用されているものと判断される。

　当該案件も、当該地域の標準的使用と同様の利用方法であり、補償対象としての「生活上自動車が不可欠な地域」の該当要件を充足する。

2　保管場所の状況

　二階建一般住家敷地内にある自家用乗用車用で、上屋等はなくコンクリート叩きのみの保管場所。

3　回復方法決定理由

　一団の土地内において、建物を移転することなく現状の保管場所が確保できるか。

　残地に保管場所機能の回復スペースが十分あったので、残地に保管場所を確保した。

4　補償項目

① 物入れの移転料

② 保管場所後退部分のコンクリート叩き新設費

③ 起業地内の物件移転料（ただし、起業地内保管場所のコンクリート叩きについては撤去費及び補修費のみ補償）

④ 就業不能補償

第3章 ケーススタディー ―形態別設例に基づく補償指針と補償内容―

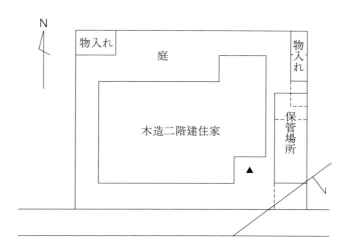

凡例

[------]	従前の施設位置
▲	玄　関　位　置

事例 2

一般住家の保管場所の一部が支障となり、一団の土地内において、建物を移転することなく現状の保管場所を確保した例。

1 生活上自動車が不可欠な地域か

地域における世帯別自動車保有率を見ると、ほぼ100パーセントの普及率であり、当該地域の自動車と日常生活との関連からの標準的使用は、通勤、買い物、レジャー等のために利用されているものと判断される。

当該案件も当該地域の標準的使用と同様な利用方法であり、補償対象としての「生活上自動車が不可欠な地域」の該当要件を充足する。

2 保管場所の状況

自家用乗用車用で、アルミのカーポート及びコンクリート叩きを備えた保管場所。

3 回復方法決定理由

一団の土地内において、建物を移転することなく現状の保管場所が確保できるか。

残地の現状では保管場所機能の回復スペースがなかったので、残地内の庭の規模を縮小し、残地に保管場所を確保した。

4 補償項目

① 庭の再配置のための設計料
② 立竹木移植料
③ 庭に再配置しない立竹木の伐採費（当該立竹木の正常な取引価格を含む。）
④ 庭関係工作物移転料
⑤ 保管場所後退部分のコンクリート叩き新設費

⑥　起業地内の物件移転料（ただし、起業地内保管場所のコンクリート叩きについては撤去費及び補修費のみ補償）
⑦　就業不能補償
　（注）　本件庭は、定期的に造園業者にその管理を発注し美的景観を保っている庭であったので、庭の再配置のための設計料を補償した。なお、設計料を必要としない地域においては、補償の必要はない。

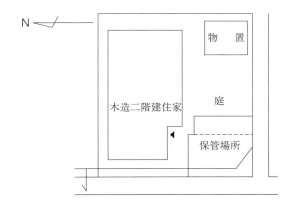

事例3

　一般住家の保管場所の一部が支障となり、近隣に保管場所とする土地を確保した例。

1　生活上自動車が不可欠な地域か

　地域における世帯別自動車保有率を見ると、ほぼ100パーセントの普及率であり、当該地域の自動車と日常生活との関連からの標準的使用は、通勤、買い物、レジャー等のために利用されているものと判断される。

　当該案件も当該地域の標準的使用と同様な利用方法であり、補償対象としての「生活上自動車が不可欠な地域」の該当要件を充足する。

2　保管場所の状況

　自家用乗用車用で、上屋及びコンクリート叩き等が存しない保管場所。

3　回復方法決定理由

〔①　一団の土地内において、建物を移転することなく現状の保管場所が確保できるか。〕

　　残地の主たる建物を移転せずに機能回復を図ることは困難。

〔②　近隣に保管場所とすることができる土地を確保できるか。〕

　　近隣の保管場所とすることができる土地の存否について地権者会会長に調査依頼したところ、2か所の候補地（いずれの候補地の単価も買収地単価の範囲内。）の紹介があった。関係者にこれらの候補地を提示したところ、当初は難色を示していたが、起業者の説得に応じ、単価が低廉な候補地を取得することとなった。

4　補償項目

①　代替地の契約に要する費用（印紙代）

②　登記に要する費用

③　就業不能補償
　（注）　代替地として取得することになった土地は、保管場所としては著しく広大な土地であったので、契約に要する費用等の補償額の算定は従前の保管場所の面積を基に行った。

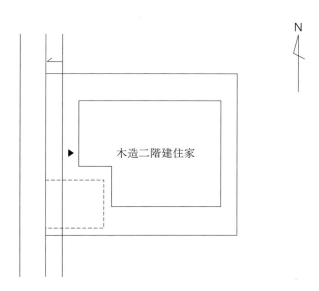

事例4

　農家住宅の保管場所の一部が支障となり、隣接に所有する現況農地を保管場所とした例。

1　生活上自動車が不可欠な地域か

　地域における世帯別自動車保有率を見ると、ほぼ100パーセントの普及率であり、当該地域の自動車と日常生活との関連からの標準的使用は、通勤、買い物、レジャー等のために利用されているものと判断される。

　当該案件も当該地域の標準的使用と同様な利用方法であり、補償対象としての「生活上自動車が不可欠な地域」の当該要件を充足する。

2　保管場所の状況

　自家用乗用車用で、上家はないが、コンクリート叩きが存する保管場所。

3　回復方法決定理由

〔①　一団の土地内において、建物を移転することなく現状の保管場所が確保できるか。〕

　　残地の主たる建物を移転せずに機能回復を図ることは困難。

〔②　近隣に保管場所とすることができる土地を確保できるか。　　　　　〕

　　隣接の本人所有の農地について農地法及び都市計画法担当部局に農地転用等の可能性を打診したところ、許可されるとの回答を得たので、当該隣接農地を保管場所とすることができる土地と認定し、関係者と協議を行った結果、相手方もこれを了承した。関係者は当初、当該隣接農地を保管場所とするための造成工事費用を要求したが、造成後において宅地となる財産増加分の補償は行えない旨説明し、相手方もこれを了承した。

4 補償項目

① 保管場所部分のコンクリート叩き新設費及び撤去費
② 起業地内の物件移転料
③ 就業不能補償

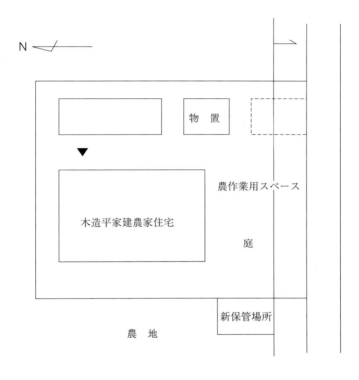

事例5

一般住家の保管場所の一部が支障となり、近隣に保管場所を専用によって確保した例。

1　生活上自動車が不可欠な地域か

地域における世帯別自動車保有率を見ると、ほぼ100パーセントの普及率であり、当該地域の自動車と日常生活との関連からの標準的使用は、通勤、買い物、レジャー等のために利用されているものと判断される。

当該案件も当該地域の標準的使用と同様な利用方法であり、補償対象としての「生活上自動車が不可欠な地域」の該当要件を充足する。

2　保管場所の状況

自家用乗用車用で、上家はないが、コンクリート叩きが存する保管場所。

3　回復方法決定理由

① 一団の土地内において、建物を移転することなく現状の保管場所が確保できるか。

　　残地の利用状況から困難。

② 近隣に保管場所とすることができる土地を確保できるか。

　　関係者本人、地域内の宅地建物取引業者、地権者会役員等に打診したが困難。

③ 近隣に保管場所を専用によって確保できるか。

　　地域内の宅地建物取引業者から得た貸駐車場の情報を基に関係者と交渉。その結果、当初は一団の土地から200メートル離れることに難色を示していたが、これ以上の補償は困難である旨説明し、相手方了解。

4　補償項目

① 保管場所の専用利用料相当額

地域の標準保管場所専用料（地域内の5箇所の青空貸駐車場利用料金を調査し、他に比べて著しく高額な1箇所を除き、「4箇所の平均額×0.9×24」とした。）
② 起業地内の物件移転料（ただし、起業地内の保管場所のコンクリート叩きについては現在価値及び撤去費）
③ 就業不能補償

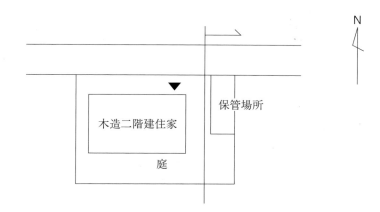

事例6

　一般住家の保管場所の一部が支障となり、一団の土地内に立体駐車場を設置して保管場所を確保した例。

1　生活上自動車が不可欠な地域か

　地域における世帯別自動車保有率を見ると、ほぼ100パーセントの普及率であり、当該地域の自動車と日常生活との関連からの標準的使用は、通勤、買い物、レジャー等のために利用されているものと判断される。

　当該案件も当該地域の標準的使用と同様な利用方法であり、補償対象としての「生活上自動車が不可欠な地域」の該当要件を充足する。

2　保管場所の状況

　親子それぞれの自家用乗用車2台のための保管場所で、カーポートが設置されている。

3　回復方法決定理由

〔① 　2台分の保管場所の機能回復が必要か。　　　　　　　　　　　　　〕

　　親子4人が居住しており、父親所有の車を父、母、娘（19歳）で共用し長男（22歳）は自ら所有する車を通勤等に使用している。

　　家族の年齢構成などから当分の間現状の自動車利用状態が継続すると思われ、現有の2台分の保管場所が必要であると認定した。

〔② 　一団の土地内において、建物を移転することなく現状の保管場所が確保できるか。　〕

　　残地の利用状況から困難。

〔③ 　近隣に保管場所とすることができる土地を確保できるか。　　　　〕

　　関係者本人、地域内の宅地建物取引業者、地権者会役員等に打診したが困難。

〔④ 　近隣に保管場所を専用によって確保できるか。　　　　　　　　　〕

地域内の宅地建物取引業者に対し貸駐車場の調査を行ったが、貸駐車場の件数も少なく、現存の貸駐車場も空きがないため困難。

⎡⑤　一団の土地内において、建物を移転の対象とすることによって、現⎤
⎣　状の機能が確保できるか。　　　　　　　　　　　　　　　　　　　⎦

建物の一部を改造することにより機能確保可能。

⎡⑥　一団の土地内において、建物を移転することなく立体駐車場を設置⎤
⎣　することが可能か。　　　　　　　　　　　　　　　　　　　　　　⎦

可能。

⑤と⑥の経済比較を行った結果、低廉である⑥を採用した。

4　補償項目

①　立体駐車場の設置費用（専門業者3社から見積りを徴し、最低額を採用。）

②　起業地内の物件移転料（ただし、起業地内外の保管場所のカーポートについては撤去費）

③　就業不能補償

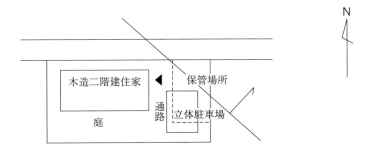

事例 7

　一般住家の保管場所の一部が支障となり、一団の土地内の建物の一部を改造することによって保管場所を確保した例。

1　生活上自動車が不可欠な地域か

　地域における世帯別自動車保有率を見ると、ほぼ80パーセントの普及率であり、当該地域の自動車と日常生活との関連からの標準的使用は、通勤、買い物、レジャー等のために利用されているものと判断される。

　当該案件も当該地域の標準的使用と同様な利用方法であり、補償対象としての「生活上自動車が不可欠な地域」の該当要件を充足する。

2　保管場所の状況

　自家用乗用車のための保管場所で、コンクリート叩きのみ設置されている。

3　回復方法決定理由

〔①　一団の土地内において、建物を移転することなく現状の保管場所が確保できるか。〕
　　残地の利用状況から困難。

〔②　近隣に保管場所とすることができる土地を確保できるか。　　　　　〕
　　関係者本人、地域内の宅地建物取引業者、地権者会役員等に打診したが困難。

〔③　近隣に保管場所を専用によって確保できるか。　　　　　　　　　　〕
　　一団の土地から概ね200メートルの範囲内に貸駐車場がなく、困難。

〔④　一団の土地内において、建物を移転の対象とすることによって、現状の機能が確保できるか。〕
　　建物の一部を改造することにより機能確保可能。

4 補償項目

① 建物の一部改造費用
② 増設分のコンクリート叩き新設費
③ 起業地内の物件移転料（ただし、起業地内の保管場所のコンクリート叩きについては撤去費及び補修費のみ補償）
④ 移転雑費（建築確認申請に要する費用＋建物設計監理料＋契約に要する費用（印紙代）＋就業不能補償）

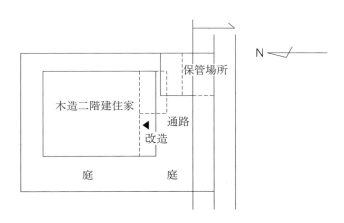

事例 8

共同住宅の保管場所の一部が支障となり、機能回復の必要性を認めず、補償を行わなかった例。

1 生活上自動車が不可欠な地域か

地域における世帯別自動車保有率を見ると、ほぼ80パーセントの普及率であり、当該地域の自動車と日常生活との関連からの標準的使用は、通勤、買い物、レジャー等のために利用されているものと判断される。

当該案件も当該地域の標準的使用と同様な利用方法であり、補償対象としての「生活上自動車が不可欠な地域」の該当要件を充足する。

2 保管場所の状況

アパート住人のための保管場所で、コンクリート叩きが設置され区画線により区分けされている。

3 回復方法決定理由

当該地域は、共同住宅の用に供されている一団の土地内に保管場所を確保し、貸家の条件としているのが一般的か。

地域内の貸家53箇所について調査を行った結果、保管場所付きの貸家は10箇所で、全体の2割弱であったので、機能回復の必要性を認めなかった。

第3章 ケーススタディー ―形態別設例に基づく補償指針と補償内容―

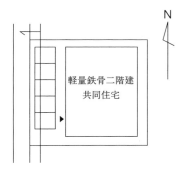

事例9

共同住宅の保管場所の一部が支障となり、一団の土地内に立体駐車場を設置して保管場所を確保した例。

1 生活上自動車が不可欠な地域か

地域における世帯別自動車保有率を見ると、ほぼ80パーセントの普及率であり、当該地域の自動車と日常生活との関連からの標準的使用は、通勤、買い物、レジャー等のために利用されているものと判断される。

当該案件も当該地域の標準的使用と同様な利用方法であり、補償対象としての「生活上自動車が不可欠な地域」の該当要件を充足する。

2 保管場所の状況

アパート住人のための保管場所で、コンクリート叩きが設置され区画線により区分けされている。

3 回復方法決定理由

① 当該地域は、共同住宅の用に供されている一団の土地内に保管場所を確保し、貸家の条件としているのが一般的か。

地域内の貸家37箇所について調査を行った結果、保管場所付きの貸家は27箇所で、全体の8割強であったので、機能回復の必要性を認めた。

② 建物を移転することなく一団の土地内に現況と同等の保管場所が確保できるか。

残地の利用状況から困難。

③ 近隣に保管場所とすることができる土地を確保できるか。

関係者本人、地域内の宅地建物取引業者、地権者会役員等に打診したが困難。

④ 一団の土地内において、立体駐車場を設置することが可能であり、かつ、地域の状況から妥当か。

残地の利用形態上可能であり、地域内に立体駐車場を保有する共同住宅は見当たらないが、保管場所を立体化することによって入居者が減少すると思われないので、立体駐車場の設置により保管場所を確保するものと認定した。

なお、建物の一部改造による機能回復も検討したが、立体駐車場の設置に伴う費用より高額となるため、採用しなかった。

4 補償項目

① 立体駐車場設置費用（専門業者3社から見積りを徴し、最低額を採用。）
② 保管場所後退部分のコンクリート叩き新設費
③ 起業地内の物件移転料（ただし、起業地内の保管場所のコンクリート叩きについては撤去費）
④ 移転雑費（契約に要する費用（印紙代）＋就業不能補償）

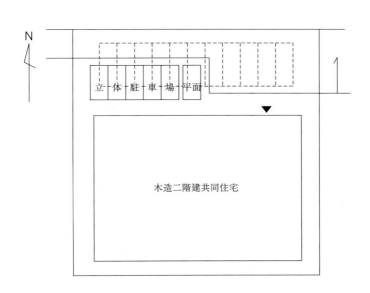

事例10

　共同住宅の保管場所の一部が支障となり、建物の構外再築補償により保管場所を確保した例。

1　生活上自動車が不可欠な地域か

　地域における世帯別自動車保有率を見ると、ほぼ100パーセントの普及率であり、当該地域の自動車と日常生活との関連からの標準的使用は、通勤、買い物、レジャー等のために利用されているものと判断される。

　当該案件も当該地域の標準的使用と同様な利用方法であり、補償対象としての「生活上自動車が不可欠な地域」の該当要件を充足する。

2　保管場所の状況

　アパート住人のための保管場所で、コンクリート叩きが設置され区画線により区分けされている。

3　回復方法決定理由

〔①　当該地域は、共同住宅の用に供されている一団の土地内に保管場所を確保し、貸家の条件としているのが一般的か。〕

　　地域内の貸家12箇所について調査を行った結果、保管場所付きの貸家は10箇所、全体の8割強であったので、機能回復の必要性を認めた。

〔②　建物を移転することなく一団の土地内に現状と同等の保管場所が確保できるか。〕

　　残地の利用状況から困難。

〔③　近隣に保管場所とすることができる土地を確保できるか。〕

　　関係者本人、地域内の宅地建物取引業者、地権者会役員等に打診したが困難。

〔④　一団の土地内において、立体駐車場を設置することが可能であり、かつ、地域の状況から妥当か。〕

残地の利用状況から困難。

⎡⑤ 一団の土地内において、建物を移転の対象とすることによって、現⎤
⎣ 状の機能が確保できるか。   ⎦

構内再築により可能。

なお、本補償総額と構外再築による補償総額を比較検討した結果、構内再築の場合には家賃減収補償が高額となり、補償総額において構外再築を著しく上回ったので、構外再築工法による保管場所の回復を妥当と認定した。

4 補償項目

① 通常の構外再築補償（なお、合理的な移転先とならないための残地補償も行った。）

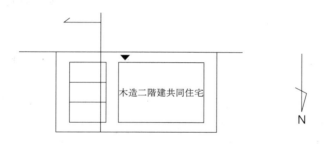

事例11

製造工場の資材搬出入車両のための保管場所（積込み積卸し場所）の一部が支障となり、建物の曳家移転により保管場所を確保した例。

1 保管場所の状況
資材搬出入車両のための駐車場（積込み積卸し場所）で、コンクリート叩きが設置されている。

2 回復方法決定理由
① 一団の土地内において、建物を移転することなく現状の保管場所が確保できるか。

残地の利用状況から困難。

② 保管場所の使用形態等から建物が存する一団の土地と分離（分割）が可能か。

車両から材料の積卸し又は車両への製造品の積込みに利用している駐車場であり、分離は不可能と判断した。

③ 保管場所を一部立体化することが可能な使用実態か。

残地の利用状況から困難。

④ 一団の土地内において、建物を移転の対象とすることによって、現状の機能が確保できるか。

建物を曳家移転することによって可能。

建物の一部改造工法（一部を切取り裏に付設する。）も検討したが、補償総額において曳家移転が低廉であった。

3 補償項目
① 裏地の立竹木移植補償
② 建物の曳家移転補償
③ 機械工作物移転補償

第3章　ケーススタディー　—形態別設例に基づく補償指針と補償内容—

④　動産移転補償
⑤　移転雑費
⑥　営業休止補償
⑦　起業地内のコンクリート叩きの新設費、撤去費及び補修費

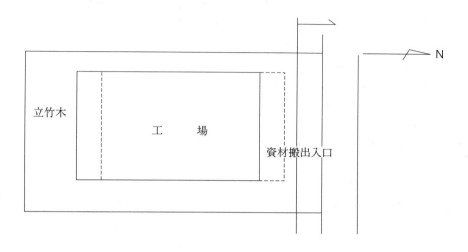

111

事例12

建築事務所の建物の一部と顧客及び従業員のための駐車場の一部が支障となり、建物の構内再築により保管場所を確保した例。

1　保管場所の状況
顧客及び従業員のための駐車場で、コンクリート叩きが設置されている。

2　回復方法決定理由
① 一団の土地内において、建物を移転することなく現状の保管場所が確保できるか。

　　残地の利用状況から困難。

② 保管場所の使用形態等から建物が存する一団の土地と分離（分割）が可能か。

　　顧客及び従業員のための駐車場であり、必ずしも一団の土地内に確保する必要性が認められなかったので、分離が可能と判断した。

〔③ 近隣に保管場所とすることができる土地を確保できるか。 〕

　　関係者本人、地域内の宅地建物取引業者、地権者会役員等に打診したが困難。

〔④ 保管場所を一部立体化することが可能な使用実態か。 〕

　　可能。

〔⑤ 一団の土地内において、立体駐車場を設置することが可能か。 〕

　　残地の利用状況から困難。

⑥ 一団の土地内において、建物を移転の対象とすることによって、現状の機能が確保できるか。

　　建物を構内再築移転することによって可能。

　　建物の構外再築工法も検討したが、補償総額において構内再築移転工法が低廉であった（構外再築工法は、残地が合理的な移転先とならないための残地補償が著しく高額となるため）。

3 補償項目

① 残地の立竹木移植補償
② 残地の工作物移転補償
③ 建物の構内再築補償（別棟であった倉庫を取込み立体集約化）
④ 動産移転補償
⑤ 移転雑費
⑥ 営業休止補償
⑦ 起業地内のコンクリート叩きの現在価値及び撤去費

（従前の建物平面）

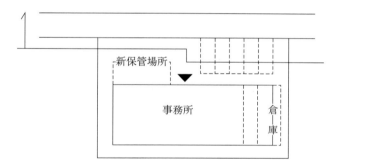

第4章
店舗又は住宅における駐車場の補償についての調査研究委員会報告書（抜粋）

Chapter 4

1.
目的

　現状の損失補償の処理方針等の基本は、昭和37年に閣議決定された「公共用地の取得に伴う損失補償基準要綱」を基本とし、中央用地対策連絡協議会（以下「中央用対連」という。）が制定する細則運用等によって行われているのが実態である。

　本調査研究は、中央用対連における損失補償基準細則の運用基準又は申し合せ等がないため、場合によって各起業者により補償の取扱いが毎々になるなどの不統一な面も見られる。

　これは、具体の補償を検討するための処理方針等が現在の社会情勢にかならずしも適合していないことを示唆するものであると思われる。なぜならば、次表の自動車保有台数等の推移をみればあきらかなとおり、補償処理方針（要綱等）が制定された昭和30年代後半からでは約7.5倍の増加率を示し、一世帯当たり自家用乗用車保有台数は0.85台、3.52人に１台の割合で自家用乗用車を保有（平成３年３月末現在）し、乗用車の一週間当たりの稼動日数は、平均5.1日であり、自家用乗用車の主な用途は、通勤通学用40.4%、家庭用が30.3%、仕事商業用が20.0%、レジャー用が8.6%であるとの各調査結果がある。また平成元年度の国内貨物輸送業のうち、自動車による輸送重量は90.6%を占める状況にあり、今や、国民生活にとって自動車は生活上不可欠なものとなっている。

　一方、特に大都市圏における駐車場不足が深刻な状況にあり、その結果、駐車場を確保できない車が、道路上を駐車場がわりとして使用する違法路上駐車が多くなっており、交通事故や慢性的な交通混雑の要因となり、住民生活に大きな影響を与えることとなっている。

　このような状況を解消するために「自動車の保管場所の確保等に関する法律」（法律第145号・昭和37年６月１日　通称「車庫法」）が改正され、平成３年７月１日施行されたところである。

　こうしたことから、現在は各起業者が毎々の事例ごとに処理している駐車場の補償の取扱いについて、現時点における自動車がはたす役割等を踏まえ

第4章　店舗又は住宅における駐車場の補償についての調査研究委員会報告書（抜粋）

た統一的な処理方針を早速に作成する必要があると判断される。

2.
現状の把握

イ　自動車保有台数の推移

　駐車場（車庫）が不足する要因となる、自動車の保有台数の推移について、平成3年度版「交通安全白書」総務庁編で調べてみると、平成2年12月末現在で自動車台数は約6,065万台となり、前年に比べて約271万台（4.7%）増加し、自動車1台当たりの人口比も2.0人となっており、一段と自動車の普及が進んでいることを示している。なお、過去6年の昭和60年までの各年の自動車の種類別保有台数推移は、表(1)及び昭和35年度より5年単位の自動車台数の推移は表(1)-1のとおりである。

表(1)

年＼種別	乗用自動車	軽自動車	貨物自動車	その他	計	前年比
	万台	万台	万台	万台	万台	%
平成2年	3,234 (53.3%)	1,689	888	254	6,065	+4.7
平成元年	3,063 (52.8%)	1,612	874	245	5,794	+5.0
昭和63年	2,898 (52.5%)	1,526	856	236	5,516	+5.2
昭和62年	2,768 (52.7%)	1,417	836	225	5,242	+4.3
昭和61年	2,672 (53.1%)	1,307	835	214	5,028	+4.2
昭和60年	2,583 (53.5%)	1,198	842	204	4,827	―

注1　第1種及び第2種原動機付自動車並びに小型特殊自動車を除く。
注2　数値はいずれも各年12月末現在である。

第4章　店舗又は住宅における駐車場の補償についての調査研究委員会報告書（抜粋）

表(1)－1

（単位：千台）

区分 年度	乗用車	トラック	バス	その他	小型二輪 軽自動車	計	前年比
昭和35年度	440	1,316	58	80	1,510	3,404	
昭和40年度	1,878	2,861	105	173	3,106	8,123	239%
昭和45年度	6,777	5,437	190	375	6,140	18,919	233%
昭和50年度	14,822	7,341	220	636	6,124	29,143	154%
昭和55年度	21,543	8,626	229	852	7,742	38,992	134%
昭和60年度	25,847	8,306	231	944	12,913	48,241	124%
平成元年度	30,882	8,613	242	1,237	17,020	57,994	120%

注1　「その他」は、特種用途車、大型特殊車及び被けん引車である。
　　2　千台未満は四捨五入とした。
　　3　50年度から沖縄県分を含む。
（注）　本表は平成3年版「数字でみる自動車」発行㈳日本自動車会議所より

□　自動車保有台数の用途別又は車種別区分

　自動車保有台数を用途及び車種別に区分してみると表(2)のとおりである。これによると、乗用自動車が約3,234万台と圧倒的に多く、全自動車台数量の53.3%を占めている。これに次いで軽四輪貨物自動車が約1,254万台で20.7%、小型四輪貨物自動車が約661万台で10.9%となっており、この3車種で全体の82.0%を占めている。

　なお、参考までに原動機付自動車の保有台数の推移は、平成2年4月1日現在で約1,506万台となり、前年に比べて約55万台（3.5%）減少している。

用途別及び車種別自動車保有台数

表(2)

(各年12月末現在)

用途別・車種別		平成2年		平成元年		対前年比	
		台数	構成率	台数	構成率	増減数	増減率
		台	%	台	%	台	%
貨物自動車	普 通 車	2,176,488	3.6	2,040,961	3.5	135,527	6.6
	小型四輪車	6,609,536	10.9	6,610,588	11.4	△1,052	△0.0
	小型三輪車	2,166	0.0	2,487	0.0	△321	△12.9
	被けん引車	87,359	0.1	80,979	0.2	6,380	7.9
	小　計	8,875,549	14.6	8,735,015	15.1	140,534	1.6
乗 合 自 動 車		245,668	0.4	241,842	0.4	3,826	1.6
乗用自動車	普 通 車	1,784,594	2.9	1,251,457	2.2	533,137	42.6
	小 型 車	30,554,693	50.4	29,376,302	50.7	1,178,391	4.0
	小　計	32,339,287	53.3	30,627,759	52.9	1,711,528	5.6
特種用途自動車		785,190	1.3	744,869	1.3	40,321	5.4
大型特殊自動車		421,806	0.7	401,313	0.7	20,493	5.1
小型二輪自動車		1,093,195	1.8	1,067,838	1.8	25,357	2.4
軽自動車	四輪貨物車	12,535,415	20.7	12,433,107	21.5	102,308	0.8
	三輪貨物車	1,243	0.0	1,242	0.0	1	0.1
	四輪乗用車	2,584,926	4.3	1,993,326	3.4	591,600	29.7
	二 輪 車	1,768,350	2.9	1,690,282	2.9	78,068	4.6
	小　計	16,889,934	27.9	16,117,957	27.8	771,977	4.8
合　計		60,650,629	100.0	57,936,593	100.0	2,714,036	4.7

注1　運輸省資料による。
　2　特種用途自動車とは、救急車、消防車等のように特種の用途に使用される自動車をいい、大型特殊自動車とは、ロードローラー、ブルドーザー等のように特殊の構造を有する自動車をいう。
　※本表は「平成3年版交通安全白書」第46表である。

八　自動車の保有状況

(1)　自家用乗用車の購入理由

　自動車の保有台数が平成2年度において、前年比約4.7％、台数にして271万台増加している。また各年の増加率についても表(1)のとおり、平均4～5％を示しているが、これらの自動車がどのような使用目的をもって保有し、

かつ家庭において何台程度保有しているかの実態について、総理府が実施した『世論調査報告概要（平成3年2月調査）道路に関する世論調査』によると、自家用乗用車の購入理由では、表(3)となっている。

　この場合の最も多いものが「通勤に使うから」であり、町村部では70.9％に達しているのに対して、東京都区部では22.2％となっており、地域性等の実態を示す数値となっている。

表(3)

（家庭に自家用乗用車を持っていると答えた者に、複数回答）

	該当者数	通勤に使うから	日常生活が豊かになるから（買物、交際など）	仕事（商売、セールスなど）に必要だから	観光・スポーツなどの余暇に使うため	老人、子供など家族の外出に便利だから	公共交通機関が利用しにくいから（注）	緊急の場合に便利だから	自動車が好きだから	自動車を持つ人が多くなったから	その他	計（M.T.）
	人	%	%	%	%	%	%	%	%	%	%	%
昭和52年6月調査	1,615	43.4	15.7	41.4	※	15.2	10.7	12.0	4.8	1.5	1.4	146.3
昭和55年11月調査	1,615	49.7	17.9	31.6	14.1	13.4	8.5	11.9	5.0	2.5	2.2	156.8
昭和61年3月調査	1,747	50.5	23.0	29.9	12.8	16.0	13.2	14.9	5.5	4.2	4.1	173.7
今　回　調　査	1,860	58.3	30.3	24.1	17.4	16.7	10.8	8.9	4.4	1.1	1.8	173.8
〔都市規模〕												
東　京　都　区　部	81	22.2	30.9	27.2	32.1	19.8	2.5	6.2	2.5	−	2.5	145.7
政　令　指　定　都　市	242	45.9	26.4	28.1	24.0	19.8	9.1	10.3	9.9	−	2.1	175.6
中　　都　　市	666	54.4	36.6	20.6	21.8	16.7	7.2	9.5	4.8	0.9	2.0	174.3
小　　都　　市	359	64.1	18.9	23.1	11.1	9.2	6.7	5.0	3.1	1.4	2.2	144.8
町　　　村	512	70.9	31.8	27.0	10.7	20.1	20.5	6.5	2.5	1.8	1.0	196.9
〔地域ブロック〕												
北　海　道	89	66.3	36.3	27.0	28.1	18.0	14.6	14.6	6.7	1.1	−	215.7
東　　北	144	69.4	29.2	22.9	16.7	15.3	6.9	8.3	1.4	2.1	−	172.2
関　　東	559	44.7	29.0	27.2	19.3	19.3	12.9	8.8	7.0	0.5	2.0	170.7
北　　陸	88	69.3	28.4	29.5	19.3	8.0	5.7	3.4	2.3	5.7	1.1	172.7
中　　部	250	68.8	29.2	18.0	10.8	14.8	9.6	5.6	2.4	−	0.8	158.0
近　　畿	281	52.0	26.0	22.1	21.0	14.6	10.0	7.8	5.0	1.8	3.9	164.1
中　　国	143	76.9	31.5	19.6	18.2	16.8	7.0	11.9	2.8	0.7	0.7	186.0
四　　国	66	60.6	45.5	21.2	13.6	22.7	16.7	6.1	1.5	−	3.0	190.9
九　　州	240	60.8	32.9	26.7	12.1	19.2	11.7	12.9	3.3	−	2.1	182.5

　（注）　その他はバスなどの公共交通機関が利用できない、あるいは利用しにくいから
　㊟　中都市とは人口10万人以上の市、小都市とは人口10万人未満の市、以下表(4)、(5)も同じ。
　㊟　表(3)、表(4)及び表(5)は、「道路に関する世論調査、報告書の表」である。

(2) 家族当たりの保有台数とその理由

　家族に自家用乗用車（自動二輪車、トラックを除く。）を何台保有しているかを調査した結果は、表(4)のとおりであった。これによると、一家族に1台と回答した者が概ね半数となっているが、逆に2台と回答した者の数値をみると、東京都区部6.4％、政令指定都市15.3％に対して、町村部では31.1％と多くなっている。このことは、表(3)の自動車の使用目的のとおり町村部で70.9％の者が通勤に使用しているのに対して東京都区部の22.2％ともに関連する数値である。

　一方、家族で複数の自動車を保有する理由についての回答では、表(5)のとおりとなり、都市部の者が自動車を保有する理由と、町村部等の公共交通機関が比較的不便である地域ほど生活するうえで自動車が必要であることが判断される。

表(4)

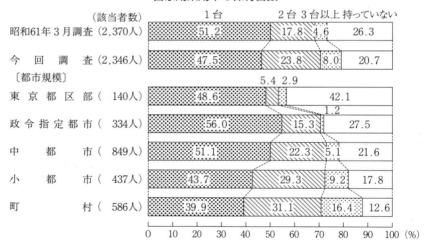

(参　考)
昭和52年6月調査
　　　持っている　(64.4％)　　持っていない　(35.6％)　　　（二輪車を含む。）
昭和55年11月調査
　　　1台　(49.9％)　　2台以上　(16.3％)　　持っていない　(33.8％)

第4章　店舗又は住宅における駐車場の補償についての調査研究委員会報告書（抜粋）

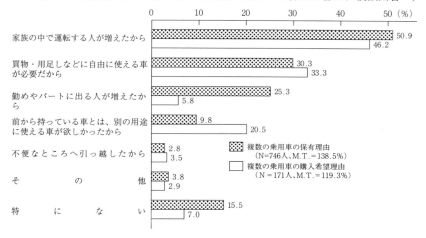

表(5)

二　駐車場の現状

　各年4～5パーセント増加する自動車の保有台数に対応させるための駐車場は、路面上に設置するパーキング・メーター、路上駐車場などと、路面外に設置する各種の公共的駐車場（表(9)参照）がある。

　しかし、現実には、稼動している自動車を充足できるだけの駐車場の整備が行われていないのが現状である。

　このことは、単に路上の違法駐車を生じさせるだけではなく、車の使用客の減少による商店街の不振、既存の都市施設が駐車場を求めて郊外へ移転するなど、道路混雑による都市機能の低下等様々な社会問題が発生しているといわれている。

　一方、違法な路上駐車が増加したことによって、交通事故の発生、消防車や救急車が現地まで行けないために手遅れになった等の人命に係る問題にも波及している状況となっている。

表(6)

■駐車車両衝突事故の推移（指数：昭和54年＝100）

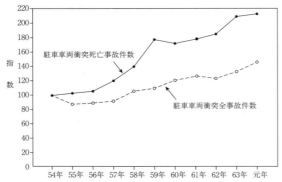

「全日本交通安全協会」発行資料より

		昭和54年	55	56	57	58	59	60	61	62	63	平成元年
全事故件数		471,573	476,677	485,578	502,261	526,362	518,642	552,788	579,190	590,723	614,481	661,363
	指　数	100	101	103	107	112	110	117	123	125	130	140
駐車車両衝突		1,631	1,414	1,450	1,493	1,735	1,787	1,983	2,085	2,045	2,176	2,396
	指　数	100	87	89	92	106	110	122	128	125	133	147
	構成率	0.3	0.3	0.3	0.3	0.3	0.3	0.4	0.4	0.3	0.4	0.4
死亡事故件数		8,048	8,329	8,278	8,606	9,045	8,829	8,826	8,877	8,981	9,865	10,570
	指　数	100	103	103	107	112	110	110	110	112	123	131
駐車車両衝突		116	119	122	140	163	208	201	209	216	245	248
	指　数	100	103	105	121	141	179	173	180	186	211	214
	構成率	1.4	1.4	1.5	1.6	1.8	2.4	2.3	2.4	2.4	2.5	2.3

注）　構成率は全事故、死亡事故それぞれの全体に占める割合（％）である。
　　　指数は昭和54年＝100

表(7)

■駐車違反取締り件数の推移

（単位：件）

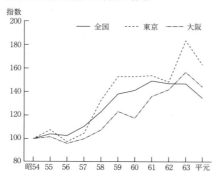

	全　国	東　京	大　阪
昭和54年	1,674,162	290,404	195,135
55年	1,738,883	309,823	199,079
56年	1,714,985	282,476	186,420
57年	1,845,026	300,985	194,401
58年	2,061,315	385,670	210,864
59年	2,298,544	440,880	239,781
60年	2,357,738	445,231	229,775
61年	2,478,675	444,900	265,909
62年	2,448,263	428,645	276,975
63年	2,447,208	532,646	306,885
平成元年	2,245,453	479,668	281,390

第4章　店舗又は住宅における駐車場の補償についての調査研究委員会報告書（抜粋）

ホ　駐車場不足の実態

　昭和40年から昭和62年までの自動車の保有台数は、約7倍に増加しているのに対して、駐車スペース（都市計画、届出、附置義務及び路上駐車場）は2倍にも満たないのが現状といわれている。

　一方、今回の車庫法の改正に伴って車庫の届出が必要となった軽自動車の駐車場需要も増加することとなり、都市部における駐車場不足は益々加速することとなる。

表(8)

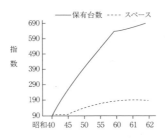

（実数）

	昭40	45	50	55	60	61	62
自動車保有台数（万台）	725	1,819	2,841	3,797	4,622	4,801	5,022
駐車スペース（台）	144	147	211	240	263	269	267

注1　自動車保有台数は、二輪車を除いた数値である。
　2　駐車スペースは、自動車1万台当たりの駐車スペースである。建設省発行「自動車駐車場年報」による。

3.
駐車場の区分と分類

イ　駐車場の分類

　一般的に駐車場とは、駐車場法（法律第106号昭和32年5月16日）に定める路上駐車場（駐車場整備地区内の道路の路面上一定の区画を限って設置される自動車の駐車のための設備であって一般公共の用に供されているもの・駐車場法第2条用語の定義）と路外駐車場（道路の路面外に設置される自動車の駐車のための施設であって一般公共の用に供されているもの・同上）とに区分されているが、同法による駐車場の分類を整理すると表(9)の概念図のとおりとなる。また、駐車場の種類とその内容によって整理すると表(10)のとおりとなる。

表(9)

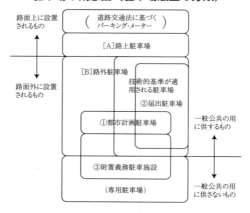

駐車場の概念図（駐車場法上の分類）

ロ　車庫法に定める車庫

　自動車の保管場所の確保等に関する法律（法律第145号昭和37年6月1日・通称「車庫法」という。）では、自動車の保管場所を「車庫、空地その他自動車を通常保管するための場所をいう。」（車庫法第2条の定義）とし、

第4章 店舗又は住宅における駐車場の補償についての調査研究委員会報告書（抜粋）

同第3条で保管場所の確保を「自動車の保有者は、道路上の場所以外の場所において、当該自動車の保管場所（自動車の使用の本拠の位置との間の距離その他の事項について政令で定める要件を備えるものに限る。第11条第1項を除き以下同じ。）を確保しなければならない。」としている。

なお、現状の自動車の保有台数に比して駐車場は、地価の高騰や用地の取得難等が原因となって、十分に確保をされているとはいえず、特に都市部における駐車場の不足は深刻であり、結果として、違法路上駐車を行わせることとなり、都市機能の低下を招くだけでなく、交通事故や慢性的な交通混雑を発生させている。

これらを解消するために、道路法、駐車場法及び車庫法の一連の改正によって、保管場所等について緩和されるとともに、罰則についても強化されることとなった。

その主たるものは次のとおりである。

〈車庫法〉

⑦　車庫をもてる範囲が使用の本拠の位置（住所、会社の所在地等）から保管場所（車庫）までの距離が500mから2 kmに改められた。（施行令第1条）

⑩　新たに軽自動車を保有するときは、保管物所（車庫）を届出ることとなった。（東京にあっては、使用の本拠の位置が東京23区にあるもの）（法第5条）

127

表(10)

駐車場の種類と内容

種　類		内　　容
［A］路上駐車場 （駐車場法）	定　義	●駐車場整備地区内の道路の路面に、一定の区画を限って設置される自動車の駐車のための施設であって、一般公共の用に供されるもの。
	設　置	●都道府県知事または市町村が定めた路上駐車場設置計画に従い、道路管理者である地方公共団体が設置し、条例で定めるところにより駐車料金を徴収する。
	目　的	●地区に発生する駐車需要に対し、必要な量の路外駐車場の整備がなされるまでの間の暫定措置として、道路の路面を利用する形でこれに応じようとするもの。 ●路上駐車場から得られる料金収入は、路外駐車場の整備資金に充当。
［B］路外駐車場 （駐車場法）	定　義	●道路の路面外に設置される自動車の駐車のための施設であって、一般公共の用に供されるもの。
	規　定	●自動車の駐車の用に供する部分の面積が500m²（約33台分）以上であるものの構造・設備は、建築基準法その他の法令による。 ●また、駐車場法施行令に定める技術的基準によらなければならない。
①都市計画 　駐車場 （駐車場法） （都市計画法）	定　義	●対象とする駐車需要が広く一般公共の用に供すべき基幹的なもので、かつ、その位置に永続的に確保すべきものである場合に、都市計画に定められる路外駐車場。
	設　置	●地方公共団体、公社・公団、民間など。
	助成措置	●道路、公園の地下の占用の特例、資金の融通、あっせん、がある。
	役　割	●今後、都市の計画的整備や市街地再開発を進めていく上で基幹的な都市施設として、期待される役割は大きい。
②届出駐車場 （駐車場法）	定　義	●都市計画区域内において、自動車の駐車の用に供する部分が500m²（約33台分）以上の路外駐車場で、有料のもの。
	規　定	●設置し駐車料金を徴収しようとする者は、あらかじめ、路外駐車場の位置、規模、構造、設備、その他必要な事項を、都道府県知事（政令指定都市にあってはその長）に届け出なければならない。
	特　徴	●民間による駐車場整備を進めるための制度として大きな役割を果たす。 ●性格上、立地を計画的にコントロールできない。開閉設も自由。
③附置義務 　駐車施設 （駐車場法）	定　義	●駐車場整備地区内または商業地域内、もしくは近隣商業地域内の延べ面積3,000m²以上の建築物において、建物延べ面積に応じて設置されるもの。
	条　例	●地方公共団体は、上記建築物の新・増築者に対して、条例でその建築物またはその敷地内に駐車場施設を設けなければならない旨定めることができる。 ●駐車需要の大きいもの（劇場、百貨店など）については、延べ面積3,000m²未満の場合でも同様に条例で附置義務を定めることができる。 ●上記地域・地区以外でも特定部分（建築物のうち特定用途に供する部分）が3,000m²以上のものについては、同様に条例で附置義務を定めることができる。

表(9)及び(10)は、(財)都市交通問題調査会発行の「駐車場建設の手引き'91」による。

(ハ)　自家用自動車、車庫届出をした軽自動車の保有者は、保管場所（車庫）を変えたときは、警察署に変更の届出が必要となった。（法第7条）

(ニ)　車庫証明の交付を受けた者や軽自動車の届出をした者、又は保管場所（車庫）の変更届をしたものには、車庫シールが交付される。これを受けた者は、自動車の後部ガラス（後部ガラスのない車両等については車体の左側面）にはり付けなければならない。（法第6条）

(ホ)　保管場所のない自動車の保有者は、公安委員会の命令で保管場所（車庫）が確保されるまで、その自動車の使用が禁止される。（法第9条）

第4章　店舗又は住宅における駐車場の補償についての調査研究委員会報告書（抜粋）

⊖　道路交通法等の改正によって、道路を車庫代わりに使用していた保有者に対しては、改正前3か月以下の懲役、3万円以下の罰金が3か月以下の懲役、20万円以下の罰金に、また、道路に長時間駐車した場合（夜間8時間以上、昼夜間通じて12時間以上）には、改正前3万円以下の罰金を20万円以下の罰金に改められた。（道路交通法等）

八　立体駐車場の種類と特長

　都市部における駐車場の不足は、大きな社会問題化していることは、先に述べたとおりである。一般的な駐車場は、平面的なものであり、ある程度の面積を確保する必要から、附置義務による駐車施設、自社ビルの駐車場又は郊外型のレストラン等にあっても、顧客用の駐車場を確保するために立体駐車場施設を設置するケースが多くなっている。

　次の資料は、機械式及び自走式による立体駐車場の種類と毎々の特長を整理したものである。

　なお、この資料は、㈶都市交通問題調査会発行の「駐車場建設の手引き'91」より抜粋したものである。

① 機械式立体駐車場
　エレベータ方式

　自動車を駐車収容する駐車室と自動車用エレベータとの組合せで立体的に構成させる方式である。

　自動車の前後方向に駐車室を設けるものを縦式、左右方向に設けるものを横式といい、自動車用エレベータの昇降路の円周上に駐車室を設けるものを旋回式という。

　エレベータの搬器から駐車室に自動車を移すために特に搬送装置を設けたものと、自走によるものとがある。

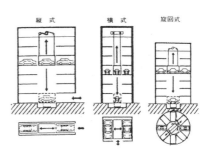

② **機械式立体駐車場**
　エレベータ・スライド方式

　自動車用エレベータと自動車を駐車収容する駐車室との組合せによることはエレベータ方式と同じだが、この方式はエレベータのかごが昇降移動するだけでなく横方向にも移動する。

　横行移動には枠組された昇降路自体が水平に移動するものと、かご内で搬器だけが水平に移動するものとがある。

　なおエレベータから駐車室に自動車を移すために、特に搬送装置を設けたものと自走によるものとがある。

　また、自動車の格納方式により縦式と横式がある。

　一般にこの方式は、独立した駐車場ビルとして使用されることが多い。

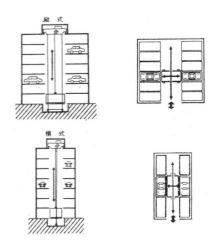

③ **機械式立体駐車場**
　垂直循環方式

　垂直面内に配列された多数の搬器が循環移動する方式である。

　自動車を装置に乗入れる位置が最下部であるものを下部乗入式、装置の中間部にあるものを中間乗入式、装置の最上部にあるものを上部乗入式という。

　一般にこの装置は独立した鉄塔内に組込まれる場合と、ビル等の建築物の一部に組込まれるものとがある。

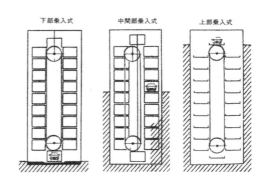

④ 機械式立体駐車場 平面往復方式

平面的に車を搬送して格納する方式で、車はパレット（台車）ごと移送して、所定のスペースに。パレットが1個ですむ運搬式と、駐車台数だけのパレットが必要な、ジグソーパズルのような格納式がある。格納式の場合、車路部分を駐車スペースに利用できるので、収容力を30～50％増加させることができる。

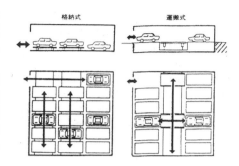

⑤ 機械式立体駐車場 二段方式

この方式は駐車室を2段にしたもので、簡易に床面を有効に利用することを目的としたものである。

機構的には多種多様で昇降横行式などがある。

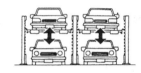

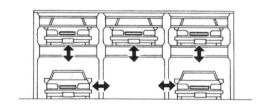

6 **機械式立体駐車場**
　　多段方式

　この方式は駐車室を3段以上にしたもので、2段方式での床面積をより効率的に利用することを目的としている。

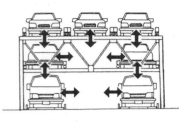

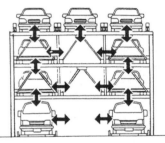

7 **機械式立体駐車場**
　　多層循環方式

　多数の搬器を2層またはそれ以上に配置し循環移動する方式である。
　搬器は一列多層に配列され任意の2層間の両端で搬器が昇降して層間の循環移動が行われる。
　両端部で搬器が円弧運動により昇降するものを円形循環式といい、両端部で搬器が垂直に上下するものを箱形循環式という。この方式では装置内の搬器に直接自動車を乗入れる場合のほか装置を地下または上部階層に設置してリフト等の昇降装置と組合せて使用する場合がある。
※この方式の立体駐車場は今回、紹介されておりません。

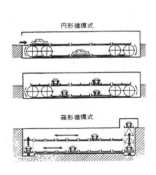

8 機械式立体駐車場 水平循環方式

多数の搬器を2列もしくはそれ以上に配列して循環移動する方式である。

搬器の移動形態が円弧状であるものを円形循環式といい、直線運動の組合せであるものを箱形循環式という。

この方式では装置内の搬器に直接自動車を乗入れる場合と、地下または上部階層に1層または多層に設置してリフト等の昇降装置を組合せて使用する場合とがある。

※この方式の立体駐車場は今回、紹介されておりません。

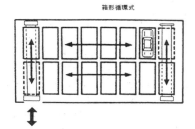

箱形循環式

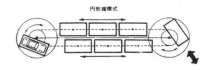

円形循環式

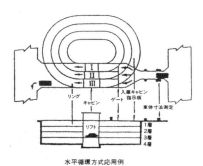

水平循環方式応用例

---

9 半自走式立体駐車場

自動車用エレベータを利用して、運転者と車を目的階層まで運び、そのあとは自走で駐車スペースまで移動する方式。

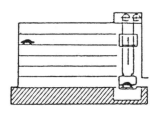

10 自走式立体駐車場 建物型

■スキップ形式：駐車階をそれぞれ半分ずつずらせて、たがいちがいに組合せた形式。スロープは半階分だけ上げれば良いため、短くてすむ。

■フラット形式：自走式のもっとも基本的なもので、各駐車階をスロープで連結した形式。スロープの勾配は17%以下という制限があるので、スロープの長さは18m程度必要。

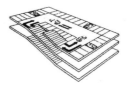

■スパイラル形式：駐車スペースの外にらせん状のスロープを設けて各階への通路とした形式。建物のなかにスロープがないので、すっきりとした印象のレイアウトになる。

■傾斜床形式：床全体をゆるい勾配で傾斜させて昇降のためのスロープを兼ねさせる形式。一台あたりの床面積が自走式のなかではもっとも少なくてすむ。

11 自走式立体駐車場 一層二段自走式

自走式の2階建駐車場で、1階から2階へはスロープで移動する。従来の平面駐車場の面積を2倍にいかせ有効な土地利用が可能である。

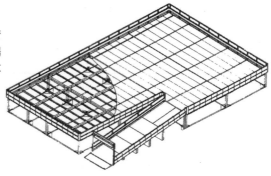

第4章　店舗又は住宅における駐車場の補償についての調査研究委員会報告書（抜粋）

4.
駐車場に係る法律関係

　駐車場に係る補償について検討するに当たって、主として貸駐車場の利用契約関係について、民法及び土地収用法について整理する必要がある。

イ　民法との関係について

(1)　土地所有者自らが駐車場を営業する場合で特定された者に一定区画を専属的に利用させるときは、一般に、土地所有者と駐車場利用契約者との契約内容が、自動車の格納場所の提供という場合には、土地の一部の賃貸借契約（民法第601条）と解され、駐車場利用契約者のために自動車を保管することを目的とする場合には、自動車の保管契約（＝寄託契約。民法第657条）と解されている。

《参考》

民法第601条（賃貸借）

賃貸借ハ当事者ノ一方カ相手方ニ或物ノ使用及ヒ収益ヲ為サシムルコトヲ約シ相手方カ其賃金ヲ払フコトヲ約スルニ因リテ其効力ヲ生ス

民法第657条（寄託）

寄託ハ当事者ノ一方カ相手方ノ為メニ保管ヲ為スコトヲ約シテ或物ヲ受取ルニ因リテ其効力ヲ生ス

　この両者を区別する判断基準は、土地所有者が、駐車場利用契約者にその土地（場所）に対する支配権を与えたか否かによる。したがって、当該土地に独立した占有権を認めていないのであれば、一定期間専属的に使用させても、それは自動車の保管を引き受けたことに伴う必然的結果であって、土地の賃貸借とは本質的に異なるが、駐車場利用契約者の費用負担において、ある程度の恒久的な使用に耐え得る施設の建造を認めた場合は、土地に対する事実上の支配権を与え、土地の賃貸借関係を認めたと解される。（土地所有者自らが駐車場として利用できる施設を設ける場合は、所謂月極契約であり、寄託契約と解される。）

　次に、不特定の者に時間単位で随時利用させる場合は、駐車場利用契約

135

者のために自動車を保管することを目的とする寄託契約（民法第657条）と解されており、その土地（場所）の使用は、自動車の保管を引き受けたことに伴う必要的結果に過ぎない。

(2) 借地人がその借地を駐車場として営業する場合

　　駐車場利用契約者の法的地位は、駐車場営業者と駐車場利用契約者との契約内容については、(1)と同様と考えられる。

(3) ビル、飲食店等の顧客用に単に自動車の保管場所として提供する場合

　　このような利用形態に駐車場利用契約の成立を認めるか否かについては疑義があるが、「事実契約関係」又は「不特定多数人の申込と黙示の承認の意思表示」による契約の成立が認め得ると解されている。

　　この場合の利用契約は、一般には、単なる自動車の保管契約と考えられるが、その利用が無料か有料か、ホテルや食堂等の施設の利用に付随して提供された駐車場であるかによって、使用貸借（民法第593条）、一時使用の賃貸借（同法第601条）等の場合も考えられるところである。

(4) 区分建物における駐車場の場合

　　一般には、区分建物敷地は、区分所有者の共有又は共同の借地となり、いずれの場合も、民法上は、各共有者は共有物の全部につき、その持分に応じて使用できるから（民法第249条及び第264条）、各区分所有者又は区分建物の賃借人は、自動車の保有の有無にかかわらず、各自の持分に応じて敷地使用の権利を有することとなる。

　　屋内駐車場の場合も、構造上、利用上の独立性が認められれば建物区分所有法上の専有部分となるが、建物の付属物であり、専有部分に属しないものであるから、法定共用部分と考えられ、敷地使用については同様に考えることができる。

　　実際上の問題としては、区分所有者の共有に属する区分建物敷地における駐車場利用については、特定の区分所有者又は区分所有者以外の第三者と別途契約を締結することで、その契約者が一種の独占的、排他的権利、所謂専用使用権を有することが多いが、この法的性格については、その権利設定の方法、設定当事者間の意思又は条件によって異なることから、一概には断定できないが、一般的には賃貸借契約と解されている。

ロ　借地法との関係について

　借地法が適用になるのは、建物の所有を目的とする賃貸借と地上権であって、それ以外の場合は借地法の適用のない一時使用の賃貸借と判断すべきものと考える。

八　土地収用法との関係について

　土地収用法第8条第3項は、「……第2条の規定によって土地を収用し、又は使用する場合において当該土地に関して……その他所有権以外の権利を有する者及びその土地にある物件に関して所有権その他の権利を有する者を、第5条の規定によって同条に掲げる権利を収用し、又は使用する場合においては当該権利に関して……権利を有する者」を「関係人」として定義することで、土地収用の対象者とし、同人に対する損失を補償すべきことを義務化している。そこで、駐車場利用契約者が、同法にいう「関係人」に当たるか否かについて、次に整理する。

　駐車場利用契約者は、自己の費用負担において、ある程度の恒久的な使用に耐え得る施設を建造した場合は別として、一般には、土地にある物件に関して権利を有することは無い。してみると、駐車場利用契約者が同法にいう関係人に当たるか否かは、土地に関して権利を有するか否かの一点に集約することができる。

　一般に、駐車場利用契約者が同法にいう関係人に当たるか否かは、個々具体の事例ごとに契約の内容等によって検討すべきであるといわれている。

　なお、参考のためにごく一般的に使用（市販）されている駐車場利用契約（自動車保管場所（車庫）賃貸借契約）書を添付するものとする。

〈参考〉

<table>
<tr><td>収入
貼　印紙
用</td><td>自動車保管場所（車庫）賃貸借契約書</td></tr>
</table>

賃貸人　　　　　　と賃借人　　　　　　との間に、次のとおり自動車保管場所（車庫）賃貸借契約を締結します。

第1条　賃貸人はその所有する次に表示の自動車保管場所（車庫）を賃借人に賃貸し、賃借人はその所有する自動車の駐車（格納）の目的をもってこれを賃借します。
　　　　1、自動車保管場所（車庫）の所在地
　　　　　　宅地（車庫）　　　　平方メートルのうち　　　平方メートル
　　　　　　（駐車場番号　　　　）
　　　　2、自動車台数　　　台
　　　　　　車両名および車両番号
第2条　賃貸料は壱か月金　　　　円也（壱か月未満の賃貸料は日割計算とする。）とし、賃貸人は毎月　　日までに翌月分を賃貸人の住所または営業所に持参して支払うものとします。ただし、本月分は金　　　　円也を賃貸人は賃借人から受領しました。
第3条　契約期間は昭和　　年　　月　　日から昭和　　年　　月　　日までとします。ただし、当事者協議のうえ契約の更新をすることができるものとします。
第4条　賃借人が次の場合の一つに該当したときは、賃貸人は、催告をしないで直ちにこの契約を解除することができるものとします。
　　　　1、賃料の支払を怠ったとき。
　　　　2、賃貸人の定めた管理規則に違反したとき。
　　　　3、その他この契約に違反したとき。
第5条　賃借人は賃貸人の定めた管理規則に従って保管場所（車庫）を使用しなければならないものとします。
第6条　賃借人またはその代理人、使用人、運転者、同乗者等の責に帰すべき事由によって保管場所（車庫）またはその施設および保管場所（車庫）の他の自動車に損害を与えたときは、賃借人はすみやかにその損害を賠償するものとします。

第４章　店舗又は住宅における駐車場の補償についての調査研究委員会報告書（抜粋）

第７条　賃貸人は、保管場所（車庫）に在る賃借人の自動車について、賃貸人の責任に基づかないで発生した天災、火災、盗難等による損害についての責任を負わないものとします。

第８条　各当事者は、少なくとも壱か月前の予告をもって、この契約を解約することができるものとします。ただし、賃借人は予告に代え壱か月分の賃借料相当額を賃貸人に支払って即時に解約することができるものとします。

第９条　この契約締結の際、賃貸人は保証金として金　　　　円也を賃借人から受領しました。この保証金は、この契約が終了したときに賃貸人に返還するが、延滞賃借料または第６条による損害賠償金額があるときはこれを差し引いてその残額を返還するものとし、利息はつけないものとします。

第10条　（特約事項）

右のとおり契約が成立しましたので、本契約書　　通を作成し、各自署名押印のうえ、各壱通を所持します。

　　昭和　年　月　日
　　　　　　賃貸人　住　所
　　　　　　　　　　氏　名　　　　　　　　　㊞
　　　　　　賃借人　住　所
　　　　　　　　　　氏　名　　　　　　　　　㊞

5.
「駐車場に係る損失補償について」意見聴取用資料

平成 3 年度
中央用地対策連絡協議会
駐車場調査研究委員会

はじめに

わが国の車両保有台数は、昭和40年度末には812万台であったものが、平成 2 年12月末には6,055万台であり、この間7.5倍の増加となっている。また、一世帯当たり自家用乗用車保有台数は0.85台、3.52人に 1 台の割合で自家用乗用車を保有し（平成 3 年 3 月末現在）、乗用車の一週間当たりの稼動日数は、平均5.1日であり、自家用自動車の主な用途は通勤通学用が40.4%、家庭用が30.3%、仕事商業用が20.0%、レジャー用が8.6%であるとの各調査結果がある。一方、元年度の国内貨物輸送業のうち、自動車は輸送重量の90.6%を占めており、自動車の貨物輸送全体に占めるウエイトは非常に大きなものとなっている。このように、今日の国民生活にとって自動車は生活必需品であり、自動車の保有を前提としたライフスタイルが定着しているということができる。

1　駐車場補償調査研究について

公共事業の施行に伴い支障となった店舗又は住宅の駐車場の取り扱いについては、損失補償基準細則の運用基準又は申し合せ等がないため、場合によっては起業者により補償の取り扱いがまちまちになるなど不統一な面も見られる。また、権利者等の理解が得られないなど、用地取得のあい路となっている場合が多くなってきている。

このような状況を踏まえ、中央用地対策連絡協議会は、平成 3 年度の事業計画において「駐車場に係る損失補償の取扱」について運用基準の制定を行うことを決定し、「店舗又は住宅における駐車場の補償についての調査研究委員会」（委員長　大阪市立大学　小高剛教授）を設置し、

第4章　店舗又は住宅における駐車場の補償についての調査研究委員会報告書（抜粋）

同委員会において調査・検討を行ってきたところである。

　今般、委員会において基本的な処理方針（第1次案）が取りまとめられたので、当該（第1次案）について中央用対連各会員及び各地区用対連の意見を求めるものである。

　なお、貸駐車場を賃貸して自動車を保管（駐車）している者に対する補償の是非については、今般は検討の対象から除外するものとする。

2　基本的な処理方針（案）の要旨

(1)　補償処理の実態等

　車庫（駐車スペース）の使用形態は、「一般住家用」と「業務用」の二つに区分される。

　各々の区分について、現状の処理実態等を調査した結果は、概ね、次の傾向にある。

　なお、当該敷地の大半が用地取得の対象となり、建物の移転工法が全面構外移転工法を採用するものについては、問題は生じていないが、敷地の一部が用地取得の対象となるもので、構内（残地）が合理的移転先と判断される場合に、諸々の問題点が発生している。（一般住家用、業務用とも建物が支障とならず車庫（駐車スペース）のみが移転の対象となる場合において問題が多い。）

(イ)　一般住家用について

　一部の起業者においては処理方針を定めているが、一般的には個々の事案毎に補償の方針が検討されているようであり、類似の敷地であっても主体である建物が支障となるか否かによっても、その取扱いが異なっている。

① 構内（残地）が合理的な移転先であって、建物が一部支障（移転対象）となる場合については、概ね車庫（駐車スペース）を含めた移転工法の検討が行われている。

② 建物が支障とならず車庫（駐車スペース）と工作物等のみが支障となる場合には、起業者により取扱いが個々となっている傾向が見られるほか、用地取得が困難となっているケースが多い。

(ロ) 業務用について

　　業務用の車庫（駐車スペース）の補償処理の方法については、月刊誌等に比較的多くの事例が紹介されており、これによると概ね次の取扱いがなされている。

　　当該経営（営業）において、駐車スペースが縮小した場合の経営（営業）に与える影響及び当該経営（営業）と車庫（駐車スペース）の因果関係（必要性）を整理し、営業継続上必要不可欠のものと判断したときは、駐車スペースを確保することを前提とした移転工法が採用されている。

(2) 検討の対象とする区分

　　車庫〔駐車スペース〕について、使用形態等で区分すると、別表の「車庫〔駐車スペース〕使用形態等区分表」のとおり整理することができる。しかし、これらの区分について総て検討を行うことは困難であることから、基本的な考え方の検討は、一般住家用及び業務用から、次の四事例を検討の対象とすることとした。

(イ) 一般住家用のもの

　① 一戸建の自家自用であって、用地取得の範囲内には、車庫（駐車スペース）のみが存するもの（事例区分　住－1の場合）

　② アパート等の自家他用であって、用地取得の範囲内には、車庫（駐車スペース）のみが存するもの（事例区分　住－2の場合）

(ロ) 業務用のもの

　① 用地取得の範囲内に建物及び車庫（駐車スペース）のいずれも存するもの（事例区分　業－1の場合）

　② 用地取得の範囲内には、車庫（駐車スペース）のみが存するもの（事例区分　業－2の場合）

(3) 検討に当たっての基本方針

　　一般住家用、業務用を問わず、近年の自動車の普及に伴い、国民生活と自動車は関係人の生活上密接不可分なものとなっている状況等を踏まえ、現在確保（使用）されている車庫（駐車スペース）は、原則として、移転後においても、その機能を確保することを前

提として移転工法の検討を行うものとし、概ね、次によって行うこととする。

① 当該車庫（駐車スペース）の使用形態等を調査し、機能回復の必要の有無及び範囲等について検討を行うこと。

② 車庫（駐車スペース）の機能回復は、社会的経済的合理性を有する範囲において構内（残地）において行うこと。

③ 構内（残地）において、機能回復が困難と認められる場合には、近隣等で機能が回復できるように行うこと。

④ 建物が支障とならない場合で②及び③によって機能の回復が困難と認められるときは、建物を補償の対象として、改造、除却及び曳家工法等によることができるものとする。

　具体の事案検討に当たっては、事例区分　住－１、住－２、業－１及び業－２の「補償方法の検討フロー」を参考として行うこととする。

車庫〔駐車スペース〕使用形態等区分表

〔参　　考〕

車庫区分	建物等の区分	車両の所有区分	参　　考　　事　　項		
			車庫としての施設の有無	車庫証明取得の有無	主たる使用目的
一般住家用	自家自用	自家用車(1)	有(A)	有	通勤
			有(B)		
	自家他用	自家用車(2)	無	無	その他
業務用	自家自用	自家用車(1)	有(A)	有	営業
		自家用車(2)	有(B)		顧客
	自家他用	第三者の車	無	無	月極め又は時間貸し駐車場

注１　車庫区分の「一般住家用」とは、一般の住宅敷地（併用住宅の敷地を除く。）に存する車庫（駐車スペース）とし、「業務用」とは、一般住家用以外の敷地に存する車庫

（駐車スペース）とする。
2 建物等の区分の「自家自用」とは、建物の所有権者又は建物の所有権者の家族（以下「建物所有者」という。）が使用している場合とし、「自家他用」とは、建物所有者以外の者（以下「建物占有者」という。）が使用している場合とする。
3 車両の所有区分の「自家用車(1)」とは、建物所有者が所有するものとし、「自家用車(2)」とは、建物占有者が所有するもの、及び建物所有者又は建物占有者と関連する（勤務先）等が所有するものとし、「第三者の車」とは、顧客又は不特定の第三者が所有するものとする。ただし、業務用の「自家用車(2)」には、従業員等が所有するものを含むものとする。
4 車庫としての施設の有無の「有(A)」とは、上屋（屋根）を有し、土間はコンクリート叩き等が行ってあるもの（半地下式のもの及び建物の一部に含まれる車庫を含む。）とし、「有(B)」とは、土間に舗装、コンクリート叩き、砂利敷、又は駐車区画線等が行われているものとし、「無」とは、有(A)、有(B)以外のものとする。
5 車庫証明取得の有無とは、当該車庫を使用している車両が取得の際に車庫として届け出したか否かとする。
6 主たる使用目的の車庫区分一般住家用の「通勤用」には、土地、建物所有者及び借家人が主として通勤等に使用しているものとし、業務用の「営業用」には、従業員の通勤等分を含むものとする。

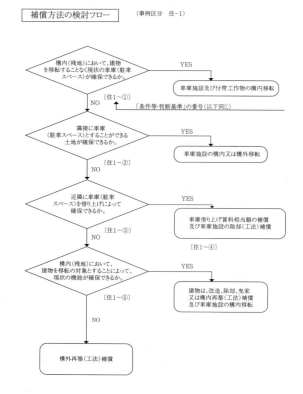

第4章　店舗又は住宅における駐車場の補償についての調査研究委員会報告書（抜粋）

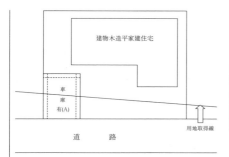

車庫〔駐車スペース〕使用形態等の条件	
建　物　の　区　分	自家自用
車　両　の　所　有　区　分	自家用車(1)
参考事項　車庫としての施設の有無	有(A)
車庫証明取得の有無	有
主　た　る　使　用　目　的	その他

条　件　等	判　断　基　準
①構内（残地）において、建物を移転することなく現状の車庫（駐車スペース）が確保できるか。	事例区分図で示すとおり車庫（駐車スペース）が支障となっているが、敷地内に他に空地がある場合、又は付帯工作物等を整備（再配置等）を行うことによって、現状の機能が確保できるか否かをいう。
②隣接に車庫（駐車スペース）とすることができる土地が確保できるか。	「隣接………」とは、当該土地に接する土地、及び道路を挟んだ土地又は数画地隔てた土地とする。 「……車庫とすることができる土地……」とは、同一所有者が所有する土地であるか、或は第三者が所有する土地にあっては、土地に対する権利の取得が明らか（指定代替地等）な場合をいう。
③近隣に車庫（駐車スペース）を借り上げによって確保できるか。	「自動車の保管場所の確保等に関する法律・同施行令」によって、車庫の範囲が使用の本拠の位置（住所、会社の所在等）から2kmと改正されたが、ここで云う「近隣」とは、通常自動車を使用する場合に車庫としての機能が果たせると判断される距離として、概ね500m（車庫法改正前の距離）程度を標準とし、各地域の実情等によって定めるものとする。

	次に「……借り上げ等によって確保できる状況……」とは、借り上げを行う場合に、比較的容易に確保できる状況をいう。したがって、順番待ち等の状況にあるときは、これに該当しないものとする。
④車庫借り上げ賃料相当額の補償	「……車庫の借り上げ……」とは、事例区分図で示すとおり当該敷地内に確保されている車庫の機能を、他の場所で車庫（駐車場）を借り上げることによって確保するとしたものである。 この場合の補償根拠は、「公共用地の取得に伴う損失補償基準」第59条（その他通常生ずる損失の補償）により、分割移転等による経費増の補償（用対連細則の運用申合せ第7）によるものとして、賃料相当額の算定は、次式によって行うものとする。 当該地域における標準的駐車場料金（1カ月当たり）×0.9×24カ月＝賃料相当額 ＊当該地域における標準的駐車料金は、標準的な家賃と同様の方法によって定めるものとする。なお、0.9の補正は従前車庫に対する管理費、土地に係わる公租公課等の相当額分として控除する。
⑤構内（残地）において、建物を移転の対象とすることによって、現状の機能が確保できるか。	用地取得（買収）範囲内に存しない建物の一部を移転の対象とすることによって、現状の機能（駐車スペース等）を確保するもので、方法には、建物と車庫を個々に確保するものと、建物、車庫を一体（車庫を建物の内に入れる。）として確保するものとが想定できる。 この場合の移転工法としては、改造、除却及び曳家工法、又は構内再築工法がある。なお、建物の改造等の対象となる範囲（面積）の取扱いは、現状の建物延べ面積を基にして、改造等の判断基

第4章 店舗又は住宅における駐車場の補償についての調査研究委員会報告書（抜粋）

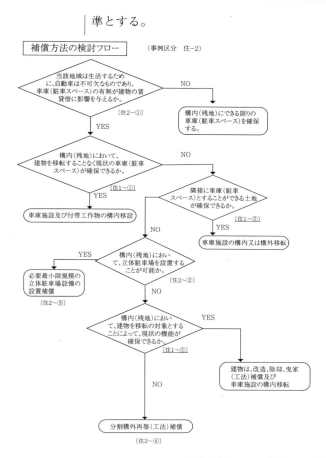

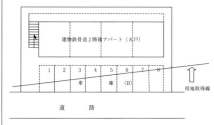

車庫〔駐車スペース〕使用形態等の条件

建物の区分	自家他用
車両の所有区分	自家用車(2)
参考事項	車庫としての施設の有無	有(B)
	車庫証明取得の有無	有
	主たる使用目的	通勤用

条 件 等	判 断 基 準
①当該地域は生活するために、自動車は不可欠なものであり、車庫（駐車スペース）の有無が建物の賃貸借に影響を与えるか。	「……不可欠なものであり、」とは、電車、バス等の公共交通機関の運行本数が少なく、通勤、買い物、その他の移動に自動車を使用することが一般的となっていることをいう。 　「……賃貸借に影響……」とは、当該地域に存するアパート等には、概ね、駐車スペースを有していることから、駐車スペースを失うことは、入居率（空室）又は、家賃の低下等の影響が想定されることをいう。
②構内（残地）において、立体駐車場を設置することが可能か。	現状では平面的な駐車場として使用していたものを、用地取得によって支障となる台数分を含めて、構内（残地）において機能を確保する方法として、駐車場を立体化することによって行うものである。 　この場合の検討としては、使用実態、設置可能場所、設備の種類（機械式、半自走式、自走式）等に併せて、これに要する費用と次に規定する建物を移転の対象とする方法との費用の関係について行う必要がある。
③必要最小限規模の立体駐車場設備の設置補償	「必要最小限規模」とは、単に用地取得によって支障となる台数分だけでなく、立体駐車場設備を設置するために新たに支障となる分をも含めたものとする。 　この場合の立体駐車場設備の種類等については、収容する台数、設置場所等の条件によって異なったものとなる。なお、設置する設備が機械式であって、通常の維持管理費等が必要と認められる場合には、その費用を含めて補償することができるものとする。

第4章 店舗又は住宅における駐車場の補償についての調査研究委員会報告書（抜粋）

④分割構外再築（工法）補償

　本項に至るための条件は「構内（残地）において、建物を移転の対象とすることによって、現状の機能が」確保できない場合となる。具体の判断基準は事例区分住1～⑤で定めたとおりである。しかしながら、事例住～1との相違点は住～1が1棟（世帯）を想定しているものであるのに対して、住～2はアパートとして8世帯が存するものであり、おのずと移転の方法が異なったものとなる。したがって、本件に係る補償は、建物の一部を分割して構外に移転する方法（工法）が想定される。

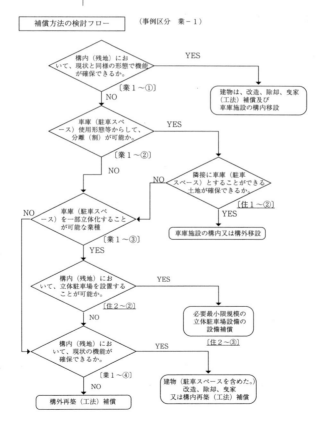

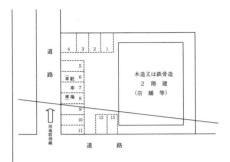

車庫〔駐車スペース〕使用形態等の条件	
建 物 の 区 分	自家他用
車 両 の 所 有 区 分	第三者の車 自家用車(2)
参考事項 車庫としての施設の有無	有(B)
車庫証明取得の有無	有
主 た る 使 用 目 的	顧客・営業

条 件 等	判 断 基 準
①構内（残地）において、現状と同様の形態で機能が確保できるか。	事例区分図で示すとおり、建物と車庫（駐車スペース）が各々用地取得の範囲に存し移転を要するが、構内において建物及び車庫を各々移転することが可能か否かをいう。
②車庫（駐車スペース）の使用形態等からして分離（割）が可能か。	事例区分図で示すとおり、現状は同一敷地内に駐車スペースを確保しており、建物の機能と一体で使用している。したがって、移転後においても同一敷地内に存することが望ましいのは当然である。しかしながら、次に例示する使用実態等の場合には分離（割）が可能と判断することが相当である。 (1) 従業員の通勤用 (2) 業務用のものであっても夜間の駐車場 (3) その他分離（割）が可能と認められるもの
③車庫（駐車スペース）を一部立体化することが可能な業種か。	駐車場の立体化が可能か否かの判断は、単に業種のみによって行うことは困難である。同一の業種であっても当該地域の特性又は営業の方法等によって異なったものとなる。しかしながら、一般的には自家用自動車の稼動が多い運送業、建設業、小売業等にあっては困難な状況が想定され

第4章 店舗又は住宅における駐車場の補償についての調査研究委員会報告書（抜粋）

④構内（残地）において、現状の機能が確保できるか。	基本的には、①と同様となるが、本項では駐車スペースを分離（割）及び隣接に土地を確保することができず、かつ、立体化も困難な場合であり、建物の改造、除却、曳家又は構内再築（工法）の補償によって、現状の機能が確保できるか否かをいう。

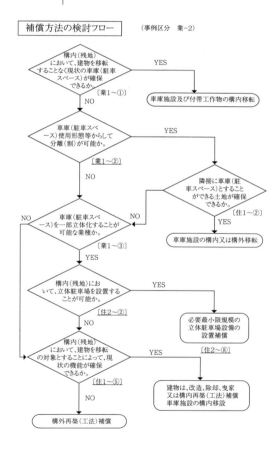

151

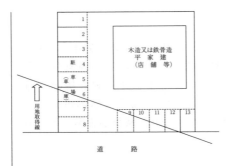

車庫〔駐車スペース〕使用形態等の条件

建物の区分	自家自用
車両の所有区分	第三者の車 自家用車(2)
参考事項	車庫としての施設の有無	有(B)
	車庫証明取得の有無	有
	主たる使用目的	顧客・営業

駐車場に係る損失補償についての意見書	起業者（用対連）		担当課		担当者	
事例区分	第一次案		訂正（意見）案		その理由	

第4章　店舗又は住宅における駐車場の補償についての調査研究委員会報告書（抜粋）

6.
意見の集約について

　前年度（平成3年度）に当委員会でまとめた「駐車場に係る損失補償について（意見聴取用）」に対して先に述べたとおり、中央用対連加盟28起業者及び地区用対連に、具体の補償処理方法の検討フロー等について意見を求めたところ、別表2－(1)のとおり、36の起業者から136事項に亘る意見等が寄せられた。

　その内容は、共通事項に係るもの14件（10.4％）、事例区分住－1に対するもの70件（51.4％）、事例区分住－2に対するもの33件（24.3％）、事例区分業－1及び2に対するもの19件（13.9％）となり、意見の約半数以上が住－1に集中することとなった。

　なお、各区分ごとの意見の傾向については、次の項で整理を行ったので、詳細については、別紙の資料(2)－⑦「補償方法の検討フローチャートに対する意見とその対応」〔P.157参照〕を参照されたい。

意見の傾向

(1)　共通事項について

　共通事項には、14件の意見が寄せられits内容としては、意見聴取資料に参考として添付した「車庫〔駐車スペース〕使用形態等区分表」の車庫証明取得の有無に係るものが2件、「補償基準上の位置づけ」に係るものが2件、青空駐車場等に係るものが3件、その他、車庫（駐車スペース）の定義に係るもの等であった。

(2)　住－1について

　住－1に係る意見は、70件で全体の51.4％がここに集中することとなった。このことは、補償方法の検討フローチャートが、住－1を中心として位置づけ、今般の検討で最も重要な事項をここで規定し、住－2及び業－1、2に連動させていく方法を採用したからである。

　そのなかで、最も多くの意見が寄せられたのが、条件等③「近隣に車庫（駐車スペース）を借り上げによって確保できるか。」の判断基準に対するものであった。概ね500m（車庫法改正前の距離）程度……について、500

ｍは長すぎるとした意見が15件あり、その件数割合は、住－１に対する全
意見の21.4％を占める結果となった。なお、意見の主な内容は、具体的な
距離を200ｍにして欲しいとするものが６件であった。

　次に多い意見は、条件④「車庫借り上げ賃料相当額の補償」に係る補償
月数に関するものが９件あり、意見の傾向としては、判断基準で示す24カ
月は少なすぎるとするものであった。

　意見の多くが条件③及び④に集中していることは、前年度の審議過程に
おいても、ある程度予想されたことである。なぜならば、今般提示し、意
見を求めた条件③及びこれに関連する④は、機能の確保の方法として採用
している起業者は少なく、新たな考え方による方法であるからである。し
かし、前年度の審議において、「車庫（駐車スペース）」の機能回復を借り
上げ等によって行うことも、通常妥当な方法であるとの判断から採用する
こととなったものである。

(3)　住－２について

　住－２については、全体で33件の意見のうち条件等①「当該地域は生活
するために、自動車は不可欠なものであり……」に係るものが８件あり、
主たる理由は、「自動車が不可欠なもの（地域）か」の判断は必要かとの
意見である。その他は、条件③に関連する立体駐車場の維持管理費等の取
扱いに関連するものが６件あった。

(4)　業－１及び２について

　業－１及び２については、主たる条件等について住－１及び２で規定し
たものを適用することから、全体的に意見の数が少なかった。

　このなかで車庫（駐車スペース）の確保にあたって現状において一部実
施している営業規模縮少との経済比較を行うか否かの問題についての意見
があった。

第4章　店舗又は住宅における駐車場の補償についての調査研究委員会報告書（抜粋）

駐車場に係る損失補償についての意見集計表

別表2－(1)

整理番号	起業者名	共通事項に対する意見数	住－1に対する意見数	住－2に対する意見数	業－1及び2に対する意見数	計	備考
1	北海道開発局	1	2	1	－	4	
2	関東地方建設局	1	4	1	1	7	
3	中部地方建設局	1	3	3	1	8	
4	北陸地方建設局	－	2	1	－	3	
5	近畿地方建設局	－	2	－	－	2	
6	四国地方建設局	－	3	2	－	5	
7	中国地方建設局	1	－	－	1	2	
8	九州地方建設局	1	3	2	2	8	
9	沖縄総合事務局	－	2	－	－	2	
10	北海道土木部	2	1	2	2	7	
11	東京都建設局用地部	－	7	3	2	12	
12	埼玉県	－	2	1	－	3	
13	群馬県	－	4	1	1	6	
14	茨城県	－	2	1	－	3	
15	栃木県	－	1	－	－	1	
16	川崎市	－	1	1	1	3	
17	大阪府	－	1	2	1	4	
18	京都府	－	－	1	－	1	
19	兵庫県	－	1	－	1	2	
20	福井県	－	1	1	2	4	
21	和歌山県	1	－	－	－	1	
22	大阪市	－	2	－	－	2	
23	京都市	1	－	－	－	1	
24	岡山県	1	1	－	－	2	
25	広島県	－	2	－	1	3	

26	鳥　　取　　県	－	2	－	－	2	
27	山　　口　　県	－	2	－	1	3	
28	広　　島　　市	－	1	3	－	4	
29	呉　　　　　市	－	3	－	－	3	
30	阪神高速道路公団	－	2	－	－	2	
31	帝都高速度交通営団	－	－	1	－	1	
32	水　資　源　開　発　公　団	1	5	－	－	6	
33	日　本　鉄　道　建　設　公　団	－	2	－	－	2	
34	日　本　道　路　公　団	1	4	4	2	11	
35	地　域　振　興　整　備　公　囲	－	1	1	－	2	
36	住宅・都市整備公団	2	1	1	－	4	
	合　　　　計	14	70	33	19	136	

※起業者名は当時の名称

第4章　店舗又は住宅における駐車場の補償についての調査研究委員会報告書（抜粋）

7.
意見とその対応について

別紙資料(2)－⑦

　寄せられた136件に亘る意見について、項目又は細目別に区分し、当委員会として補償処理方針に加えるもの等の検討を行った結果については、別紙資料(2)－⑦の「補償方法の検討フローチャートに対する意見とその対応」としてまとめたとおりである。

　なお、意見に基づいて、具体的な補償方法の検討フローチャートが改正された。主なる事項については、別紙の資料(2)－ロ〔P.205参照〕のとおりである。

　　　　　　　　補償方法の検討フローチャートに対する意見とその対応
別紙資料(2)－⑦

　　　　　　　　共　　通　　事　　項　　No. 1 〜No. 14
　　　　　　　　事 例 区 分 住 － 1　　No. 15〜No. 84
　　　　　　　　事 例 区 分 住 － 2　　No. 85〜No.117
　　　　　　　　事例区分業－1及び2　　No.118〜No.136

157

共通事項

整理番号　No.1～No.14

整理番号	区分	第一次案	訂正（意見）案	その理由	起業者番号	意見に対する対応
1	共通事項		車庫（駐車スペース）使用形態等区分表の参考事項に車庫証明取得の有無があるが、これによって補償の成否にはならないと思いますが、例えば、駐車場敷地はあるが、常時使われてはいない駐車場について、補償の要求があった場合の判断基準を設けてほしい（受忍の限度の範囲）		1	使用形態を把握するために「車庫証明取得の有無」を参考事項として掲載しているが（車庫としての施設の有無、主なる使用目的）、具体的な補償処理にあたっては、現に車庫（駐車スペース）として使用されている実態によって行うものであって、意見のとおり車庫証明取得の有無によって補償方法が変化するものではない。したがって、「常時使われていない………」ものについてもその使用実態を把握したうえで、機能の回復が必要か否かを判断することとなる。なお、「参考事項」については、車庫（駐車スペース）の実態把握を行う場合の参考項目として掲げたものであり、原案どおりとしたい。
2			車庫（駐車スペース）使用形態等区分表の参考事項に車庫証明取得の有無・補償に支障がなければ削除しても良いのではないか。		7	
3	共通事項	建物の用途又は支障具合でフローが示されている。	駐車場が支障となる場合の補償のあり方として原則的なフローが必要である。	駐車場が支障となった場合の機能回復の必要性は住家であれ店舗であれ原則的に変わる	2	現在駐車場の機能回復の必要性の判断及び方法については、必ずしも統一的な処理がな

				ものではない。 　したがって、方法論も基本方針があって、ただし、この場合はどうすると特例を定めるのが望ましい。そうでないと、例えば住－1で「借り上げ」があって、住－2はなぜないのか疑問となる。		されていなかったことから、今般の検討となったものである。基本的な方針としては、例示の駐車場について機能を回復するものを標準とし、機能回復の方法については、各々の使用形態並びに敷地における建物（駐車スペースを含めた。）の配置、買収（用地取得）範囲等の関係を総合的に判断して、機能回復の方法を検討することとなる。したがって、機能回復の方法がすべて同一のものである必要はない。
4	共通事項	検討に当たっての基本方針について	一般補償は、機能回復を図る過程において経済比較の検討を行う場合があるが、当該試案は、まず構内で機能回復の検討を行い、次に構外で検討を行うとしている。 　機能回復の方法（移転先の選定、移転工法の認定等）にあたって、経済比較の必要はないのか。 　例えば、住－1の事例で、近隣で車庫の借上げができないので、構内で建物を改造すれば車庫を確保でき		8	今般の「補償方法の検討フローチャート」は、代表的な事例区分における機能回復の方法と手順を示すものであって、意見のとおり「近隣で車庫の借上げ……」によって機能回復が可能な場合には、それによるものとし、不可能と判断したときは、次の「構内（残地）において、建物を移転……」方法に移行するもので、この間における経済比較については、原則として必要としないも

			るとしたとき、この費用が構外再築の費用より多額になったとしても構内での機能回復を採用するのか。 　また、業－1、業－2の事例の場合では、営業規模縮少との経済比較も検討の余地があるのではないか。			のと考えている。業－1、業－2についても同様の取扱いとしている。
5	共通事項	使用形態等区分表 〇主たる使用目的欄 ・「月極め又は、時間貸し駐車場」	〇どのような使用形態の事なのか。何のための区分なのか。		10	車庫（駐車スペース）は、設置の目的（法制上）によって、種々の区分又は名称となっていることは、前文で述べたとおりである。今般の「使用形態等区分表」については、一般的に「車庫」又は「駐車場」といわれているものを、目的、使用形態等によって区分整理したものである。
6	共通事項	〇車庫区分 ・一般住家用	〇マンション（分譲・賃貸）を含んでいると考えてよいのか。		10	意見のとおり、原則的には、マンションを含んでいると考えている。しかし、マンションが分譲されたものか又は賃貸のものかによって、機能回復の方法は異なったものとなると思われるので、各々の現状等を把握したうえで最も妥当と認められる機能回復の方法を検討すべきであ

第4章　店舗又は住宅における駐車場の補償についての調査研究委員会報告書（抜粋）

						る。
7	共通事項	(3) 検討に当たっての基本方針 ① 当該車庫（駐車スペース）の使用形態等を調査し、機能回復の災害の有無及び範囲等について検討を行うこと。	補償の対象とする車庫（駐車スペース）の定義・認定基準を具体的に示すべきではないか。	特に、業務用で店舗、工場等の売場ないし作業スペースと兼用で使用されている駐車スペース等についてどう判断すべきか等、具体的基準がなければ起業者間で不均衡が生じるおそれが強いのではないか。	21	基本的には、例示の車庫（駐車スペース）について、補償の対象とすることを標準としている。しかし、現状が車庫（駐車スペース）となっているものを同一の方法で補償（機能回復）するものではなく、使用実態、状況等を把握したうえで機能回復の必要性の有無、範囲等について検討したうえで、処理することととなる。しいては、意見の趣旨の起業者間の不均衡については、理解できるが、すべての状況に対応できる基準を定めることは極めて困難であり、今般は、基本的方針について定めることとしたものである。
8	共通事項	条件等・判断基準全般	補償方法の検討フローに基づく、各段階のYES、NOの判断を行うための条件等、判断基準で各起業者が統一的に考えることができる部分をもう少し細部にわたり定めてもらいたい。	補償方法の検討フローに基づく、各段階のYES、NOの判断は、基本的には、第一次案で示された条件判断基準で各起業者が個々のケースについて行うべきものであるが、今回の駐車場に係る損失補償については、機能回復に重点が置かれているため、最終的に	23	今般の補償方法の検討フローチャートは、従来必ずしも統一された処理が行われていなかった車庫（駐車スペース）の補償を統一するために行われているものである。意見のとおり、各起業者の不均衡を解消するために、あらゆる場合を想定した細目の規定が

161

					は、関連移転として敷地内全体の建物が構外再築工法になることも想定している。 　したがって、工法の選定は慎重に行うことが当然必要であり、その解釈運用にあたっては、的確な判断ができるような統一的な取扱い易い基準であることを要するため。		必要とする場合もあるが、そのためには想定できる各種のケースに対応できなければならず、この種の検討では、極めて困難である。したがって、今般は基本的な事項について規定することとなる。各案件間の不均衡を解消するために、細目の規定が必要と認められるものについては、各起業者においていくつかの事例を処理するなかで規定することが望ましいものと思料される。
9	共通事項			今回の補償検討にあたり、有料の青空駐車場についても、営業補償等検討する必要があるのではないか。		24	今般は、主として一般住家用、又は業務用として使用されている車庫（駐車スペース）について、その補償方法の検討を行うものであって、貸駐車場を賃貸して自動車を保管（駐車）している者に対する補償については、その権利関係等について整理する必要から、今般は検討の対象から除外したが、都市部における駐車場の現状をみるに早速の検討が行われるべきものと思料される。
10				関連する補償（仮の駐車場を確保するための補償や、休業補償等についても検討した方がよい。）		34	
11				建物に付随しない月極め又は時間貸し駐車場の損失補償の運用基準の制定。 　特に、土地区画整理事業においては、減歩に伴う、駐車スペースの減少による損失が考えられる。	昨今、駐車スペースのみの貸し駐車場が、用地取得等に支障となるケースが多い。この場合、建物に付随する場合と同様の損失と考えられる。また、営業形態により、次のような損失も考えら	36	

				れる。 （例） ① 営業規模縮少 ② 家賃減少 ③ 車庫借り上げ料の差額、etc.		
12	共通事項			補償方法の検討フロー中において、移転と移設の区別が分からない。移転に統一すべきである。	32	意見のとおりであり、「移転」に統一して改める。
13	共通事項		補償基準上の位置づけを明確にしてほしい。	建物が支障となる場合とならない場合、及び車庫有(A)、有(B)並びに無の場合に適用される補償基準を明確に示されていないため。 （基準第28条、54条又は59条のいずれか？）	3	根拠となる基準を定めることも重要であるが、最も重要なことは、現に損失が発生しているものについて、補償を行うことと思われる。 　具体的には、移転の対象となる物件（工作物等）が存するときは、基準第28条により、物件の存しないときは基準第59条として処理する方法があると判断される。
14			車庫借り上げ賃料相当額の補償の根拠は、「その他通常生ずる損失の補償」と明記されているが、その他の方式による場合の補償根拠の明示。	基準第28条「建物等の移転料」を根拠とした場合、車庫施設がなく駐車スペースのみのとき、付帯工作物として同根拠でよいか。	36	

事例区分
住－1
整理番号　No.15～No.84

整理番号	区分	第一次案	訂正（意見）案	その理由	起業者番号	意見に対する対応
15	検討フロー	使用形態等の条件のうち　車庫としての施設の有無「有(A)」	有(B)の場合についても例示してほしい。	自家自用の建物の中で「有(B)」のように、コンクリート叩のみ等の場合の事例のように支障建物を伴わない場合の例がより実務に参考となる。	3	車庫（駐車スペース）としての機能は、「車庫」としての施設の有無（「有(A)」又は「有(B)」）とは係わりなく確保されるべきものとの判断に立っている。したがって、事例区分住－1の図面に示す有(A)は有(B)であっても同様の取扱いとなり、図面表示を改める。
16	条件等①	構内（残地）において、建物を移転することなく現状の車庫（駐車スペース）が確保できるか。　上記の選択でYESとなる場合　↓　車庫施設及び付帯工作物の構内移転	………及び付帯工作物………の部分の削除	車庫施設を残地内に移転する場合においては、通常付帯工作物の移転が想定される。この部分での選択時のみ該当するものではないため、誤解をまねく恐れがある。	4	敷地内に他の空地がある場合に付帯工作物又は立竹木を構内移転（設）又は移植して、車庫（駐車スペース）を確保する場合もあり、表現を整理する。
17		YESの場合の記載について：「車庫施設及び付帯工作物の構内移転」	「車庫施設及び付帯工作物の構内移転並びに立木補償」に改める。	①　YESの場合では、車庫施設及び付帯工作物の構内移転とあるが、判断基準欄では付帯工作物等とある。これは、全く同じ内容を指すのか？もしも同じ内容だとすると立木等が支障となる場	13	

				合の扱いは規定されていないこととなるが、この場合についても補償すべきものと思われる。		
18	検討フロー	一般住家で立体駐車場設備の設置に関する記述がない。	一般住宅であっても、2台以上車を保有している場合には、立体駐車場設置による機能確保を認めるべきである。	2台の車を所有している場合で、1台分が故障となった際には、立体駐車場による機能回復が最も効果的である。	14	一般の住家（自家自用）の多くが、平面的な車庫（駐車スペース）として使用されており、これを用地買収（取得）によって、失った場合には、現状と同様（平面的）によって機能を回復する方法を前提とした。
19		条件①の判断基準では、「再配置等を行う……」	立体駐車場の設置補償の判断も加えるべきである。	一戸建住宅においても、複数の自家用車を所有している場合がある。	36	なお、意見のとおり、一般の住家（自家自用）の車庫（駐車スペース）を立体化することが通常妥当と判断される場合には、その方法によって機能を回復する方法によって処理することは当然である。
20	検討フロー	補償方法の検討フロー（条件等①の前提として）	検討フローの初めに、例えば次のような条件等を加える。「当該地域は生活するために、自動車は不可欠なものであり、車庫（駐車スペース）の有無が生活の本拠として影響を与えるか。」	「車庫の機能を確保することを前提とする補償においては、「事例区分住－1」においても「事例区分住－2」と同様に機能回復の必要の有無について検討を行うべきではないか。	11	平成3年3月末の調査によれば、一世帯当たり自家用乗用車保有台数は0.85台、人口の3.52人に1台の割合で自家用乗用車が保有されている今日、自動車は生活必需品といっても過言ではない。特に地方では通勤、通学、家庭用にと自動車を除く生活はありえない

						状況であり、各々に車庫(駐車スペース)の必要性について、あらためて判断を行う必要がないものと考えられる。
21	検討フロー		判断基準で宅地等以外を想定した場合を具体的にする。	農地の場合は、農転まで判断する必要がある。	2	現在の社会において、自動車が生活必需品であるといっても過言でないことは、先に述べたとおりである。
22			駐車場の確保が難しい都市部の地域と、比較的容易である農村部等の地域とを区別して、「駐車場の損失補償」の適用区域を決めて欲しい。	ダム等を建設する農村部においては、「駐車場の損失補償」が適用された場合、かえって弊害が生ずる恐れがある。	32	一般の駐車場に係る補償の処理方針は、自動車の必要性については都市部、農村部をとわず共通であるとの立場に立って処理方針の検討を行うものであり、都市部又は農村部が各々もつ特殊(地域)性については、各々の補償方法の検討フロー内で解決するものと理解している。したがって、駐車場として使用されている土地の地目に着目してのものではなく、移転先地についても一般的な判断によって処理されるべきものと思われる。
23	条件等①	条件等①の判断基準	判断基準に次のような規定を加える。「この場合、現状の機能が確保できるか否かの判断に当たっては、法制上の検討を加	「車庫としての施設」「有(A)」が建築基準法の建築確認の対象となるかどうか不明な点がある。 ① 建築確認の対	11	意見のとおり「車庫としての施設有(A)」が建築基準法の建築確認の対象となる場合も想定される。したがって、そのとき

			えるものとする。」	象となる場合は、建ぺい率、容積率について検討を加える必要がある。② なお、「車庫としての施設」「有(A)」が建築確認の対象となる場合であっても、「有(B)」で構内(残地)に駐車スペースが確保できるならば、補償方法の検討フローのいずれかの段階で「有(B)」の補償を検討すべきではないか。		は建ぺい率、容積率等の法制上の検討は当然である。しかし、一般的な場合には、建築確認を必要としない附帯工作物が多いと考えられるので、特に判断基準内の意見の趣旨を加える必要はないものと思料される。
24	条件等①	「隣接に車庫(駐車スペース)……」	「近隣に車庫(駐車スペース)……」とする。※近隣の基準は、条件③と同様とする。	建物所有者が所有する車庫の補償であるので、移転を基本とし、その範囲を「近隣」まで拡大する必要がある。※近隣地域への移転であれば、従前の車庫を確保したこととなると思われる。	26	意見のとおり改める。
25	条件等②	〔補償方法の検討フロー図〕隣接に車庫(駐車スペース)とすることができる土地が確保できるか。上記の選択でYESとなる場合 ↓ 車庫施設の構内又は構外移転	車庫施設の構内又は構外移転の後に「車庫とすることができる土地の確保に伴い必要となる費用の補償」を加える。	駐車場の一部分が買収される場合において、駐車スペースを確保するために土地代金の不足分を持ち出ししなければならないケースにおいて、利子補給あるいは代替地として取得する土地の残地の価格低下の補償が必要である。	4	土地の取扱いについては、従来の考え方のとおりとしたい。
26	条件等②	補償方法の検討フロー	隣接に事業用地と同一面積の土地	仮に10m²買収し隣接地において		

		隣接に車庫（駐車スペース）とすることができる土地が確保できるか。	が確保できるが、残地の形状等により従前と同一の駐車スペースが確保できない場合は、YES か NO か。	$10\,m^2$確保することができるが、形式等により、駐車スペースとして確保できない場合の処理方針を明確に示して欲しい。（買収面積にかかわらず、従前の駐車スペースを確保するために必要な用地費（場合によっては、造成費等を含む）を補償できるのか否か。） 　また、住－2等の場合、8台を完全に機能回復するものとするのか、受認限度（7台程度とか）を考えて補償するのかも示して欲しい。		
27	検討フロー	補償方法の検討フロー 　住1～② 　住2～② 　業1～② 　業2～② 　条件等②	削除	条件等②のように隣接地で確保できる場合は現実にはまれであると思われるし、通常の建物移転の際の考え方においても隣接地を前提にした取扱いをしていないので、車庫のみこのような取扱いをするのは均衡を失すると思われる。	30	車庫（駐車スペース）の合理的な移転先についての判断であるが、現に同一敷地内に存するものを、同一敷地内に確保することは、最も合理的ではある。しかし、そのために支障とならない建物を移転しなければならない場合には、まず、隣接（最終案では「近隣」とする。）に車庫（駐車スペース）が確保できるときは、その方法によって現状の機能を確保することも妥当な方法である。

第4章　店舗又は住宅における駐車場の補償についての調査研究委員会報告書（抜粋）

28	条件等②	条件等②判断基準「……車庫とすることができる土地……」とは、同一所有者が所有する土地であるか、或は第三者が所有する土地にあっては、土地に対する権利の取得が明らか（指定代替地等）な場合をいう。	「……車庫とすることができる土地……」とは、同一所有者が所有する土地であるか、或は第三者が所有する土地にあっては、土地に対する権利の取得が明らか（指定代替地等）な場合のいずれかであって、車庫としての機能が確保可能なものをいう。	同一所有者の土地であっても、貸家、貸地、農地等他の用途で使用されていれば代替とはできない。　また、生産緑地指定や相続税猶予等の規制があるものは代替とはできないと思われる。	34	「……車庫とすることができる土地………」とは、単に土地であればよいものではなく、車庫としての機能を移転することが可能な土地を指すものであり、あえて意見の追記を加える必要はないものと思料される。
29	条件等②	②隣接に車庫（駐車スペース）とすることができる土地が確保できるか。	「起業者の関与するところにより、隣接に車庫……」	起業者が限定価格をもってしてでも積極的に関与しなければ確保できるかどうか明らかとならない。　一方、車庫用地にとどまらず、一般論として、隣接土地を代替地とするため、限定価格を認めることへの議論に波及する。	2	
30	条件等②	②隣接………の判断基準の『「隣接……」とは、数画地隔てた土地とする』について	『「隣接……」とは、当該土地………数画地隔てた土地で、土地の状況等を総合的に判断して認定するものとする』に改める。	当該隣接地を車庫とすることができる土地と認定し、車庫施設を移転することによって、この土地本来の価値が減少することも考えられる。	8	「隣接」を「近隣」に改めることとした。
31	条件等②	隣接に車庫（駐車スペース）「…数画地隔てた土地とする。」	「…概ね500m隔てた土地とする。」	条件等③の近隣の車庫借り上げの距離として概ね500m程度を標準としていることか	9	③の条件と同様に「近隣」とし、その距離も意見の主旨のとおり、概ね200m程度とす

				ら条件等の②も同様な距離を適用することが望ましいと判断される。		ることとした。
32		条件等②隣接に車庫（駐車スペース）……の判断基準では「……土地又は数画地隔てた土地とする。」	「……土地又は概ね50m程度隔てた土地とする。」に改める。	『数画地』では表現があいまいである。	12	
33		隣接に車庫（駐車スペース）……の判断基準では、「隣接……とは、……数画地隔てた土地とする。」	「数画地」という判断基準を具体的な距離に改める。	数画地隔てた土地とあるが、周辺が面大地や間口狭小地等である場合も考える必要があることや「自動車の保管等に関する法律・同施行令」等からも、画地数よりも距離を一応の基準とするべきである。	13	
34		条件②：……土地又は数画地隔てた土地とする。条件③：……、概ね500m（車庫法改正前の距離）程度を標準とし、各地域の事情等によって	判断基準が曖昧であるので、判断基準をもう少し詳細な基準にするか、又は解説、解釈等を付けて欲しい（コメンタールのように）。	統一的な解釈が出来るようにするため。	32	
35		条件等② 隣接に車庫（駐車スペース）と……の判断基準では、「隣接……とは、当該土地に接する土地……」	「隣接……とは、当該土地に接する土地で、かつ、車両の進入が可能な土地……」に改める。	当該土地に隣接する土地が無道路地またはそれに準ずるようなものであり、かつ、当該土地からの車両の進入ができない土地については、YESの場合単に車庫施設の移転のみでは対応できない。	13	
36		補償方法の検討フ	条件等②の	条件等①の	11	※条件等①と②

		ロー（条件等②のYESと条件等③のYES）	YESの補償と条件等③のYESの補償とは、経済比較による。	YESと条件等②のYESとでは、補償内容が違うのかどうか不明な点がある。① 条件等①と条件等②とでは、移転先が特定していることから、ほぼ補償内容に違いがないと考えられる。② しかしながら、仮に、条件等②の場合、移転雑費補償において、委託選定による土地選定費を補償することとなるならば、条件等②と条件等③との経済比較により補償すべきではないか。		の補償内容については、意見の趣旨のとおりである。（条件②のYESの場合の表現を改める。）※条件等②と③のYESの場合の処理について経済比較を行うべきとの趣旨であるが「補償方法の検討フローチャート」は、各々の条件等を段階的に行うものであって、前段階における補償方法との経済比較については、原則として、必要としないものと判断される。
37	条件等③	③ 近隣に車庫（駐車スペース）……の判断基準では、「……概ね500ｍ（車庫法改正前の距離）程度を標準とし……」	「概ね200ｍ程度を標準とし……」に改める。	地域的な差はあろうと思われるが、500ｍは離れすぎの感があり、200ｍ程度が限度と思われる。（車庫法の500ｍ（改正前）は、限度とする距離である。）	1	多くの意見のとおり、概ね200ｍに改める。
38		③ 隣接に車庫（駐車スペース）を借り上げによって確保できるか。	取得については「隣接」とし、借り上げについては「500ｍ程度」とする意義を整理する必要性がある。	そもそも車庫は、宅地に接して存すべきものとするなら、500ｍも先で借り上げることの是非。	2	
39		③ ……判断される距離として、概ね500ｍ（車庫法改正前の距	判断される距離を各地域……	四国では、とても500ｍ程度の距離は検討外であり、条件等②と同	6	

	離）程度を標準 とし、各地域 ……		様が実態である。	
40	③　近隣に……の 判断基準の 「……概ね500m （車庫法改正前 の距離程度を ……」について	「……概ね200 m程度を標準とし ……」に改める。	取得前は自宅敷 地内に存していた 駐車場であり、 500mも離れると 機能が確保された とは言い難い。	8
41	③　近隣に車庫 （駐車スペース） …の判断基準 「……概ね500m ……」	道用対として、 北海道の地域実情 等を考慮した距離 に設定して頂きた い。	500m離れた場 所では、現状の機 能が確保されたと は言いがたい。	10
42	③　近隣に車庫 （駐車スペース） ……の判断基準 では、「……概 ね500m（車庫 法改正前の距 離）程度を基準 とし……」	「……概ね200 m程度を標準とし …」に改める。	用地買収前は自 宅敷地内に存した 駐車場であり、移 転後の駐車場を自 宅から500m離れ た場所では、現状 の機能が確保され たとは言いがた い。	12
43	③　近隣に車庫 （駐車スペース） ……の判断基準 では、「……概 ね500m（車庫 法改正前の距 離）程度を標準 とし……」	「……概ね200 m程度を標準とし ……」に改める。	用地買収前は自 宅敷地内に存した 駐車場であり、移 転後の駐車場を自 宅から500m離れ た場所に設定する ことは、従前の車 庫としての機能を 維持することが困 難と思われる。	13
44	③　近隣に車庫 （駐車スペース） ……の判断基準 では、「……概 ね500m（車庫 法改正前の距 離）程度を標準 とし……」	「……概ね200 m程度を標準とし ……」に改める。	用地買収前は自 宅敷地内に存した 駐車場であり、移 転後の駐車場を自 宅から500m離れ た場所では、現状 の機能が確保され たとは言いがた い。	16
45	「自動車の保管 場所の確保等に関	条件②隣接と同 等とする。各地域	住宅敷地内に存 在する駐車場であ	25

第4章　店舗又は住宅における駐車場の補償についての調査研究委員会報告書（抜粋）

	する法律、同施行令」によって……………概ね500m（車庫法改正時…条件等③近隣に車庫（駐車場スペース）…	の実情等によって定めるものとする。	り距離で定めると、条件②の場合と目的が一つである以上整合性に欠けるのではないか。	
46	③の判断基準「……概ね500m（車庫法改正前の距離）程度を標準とし、……」	車庫としての機能を果たせる距離の標準については、もう少し範囲を限定する方向で再検討されることを希望する。	自動車の管理・保安上の問題、従前の利便性が著しく損なわれる可能性があること等を考慮すると、自宅からあまり離れた場所に確保することを想定するのは妥当ではない。	28
47	「……概ね500m（車庫法改正前の距離）程度を標準とし、各地域の実情等……」	「……概ね500m程度を標準とする。」に改め、「各地域の……」を削除する。	判断基準としては、距離を標準化することで十分と考えられる。	32
48	③の判断基準「……概ね500m（車庫法改正前の距離）程度を標準とし……」	「……概ね200m程度を標準とし……」に改める。	従前の駐車場の機能回復を考えると、500mでは遠すぎる。車庫法改正前の500mというのは最低限度の車庫の位置を特定していると思われる。	35
49	③の判断基準「自動車の保管場所の確保等に関する法律・同施行令」によって、車庫の範囲が使用の本拠の位置（住所、会社の所在等）から2kmと改正されたが、ここでいう「近隣」とは、通常自動車を使用する場合に車庫としての機能	左記下線部については、再考の余地（短くする意味で）があるのではないか。	用地買収前は、宅地内に存在した駐車場であり、移転後が自宅から500m離れた場所としたのでは、現状の機能が回復したとは言い難い面がある。	34

	が果たせると判断される距離として、概ね500m（車庫法改正前の距離）程度を標準とし、各地域の実情等によって定めるものとする。				
50	③ 近隣に車庫（駐車スペース）……の判断基準では、「自動車の保管場所の確保等に関する法律、同施行令」……	当該地域において車庫（駐車スペース）を借り入れによって確保しているのが一般的な地域と判断された場合には「自動車の保管場所の確保等に関する……」……	残存建物と車庫との関連について ① 車庫（駐車スペース）の使用についての権利が不安定になる。 ② 現在住宅建築の場合、車庫（駐車スペース）を考慮のうえ設計施行している。 ③ 車庫（駐車スペース）のない一般住宅についての需要は少なく、財産価値の下落を招く恐れがある。 等の理由により、当該地域が車庫（駐車スペース）の確保が借入れによる場合が一般的な地域と限定すべきと考える。	6	
51	③ 近隣に車庫（駐車スペース）……「自動車の保管場所の……定めるものとする。 次に「……借り上げ等によって……ものとする。	隣接に車庫（駐車スペース）…… 「自動車の保管場所の……定めるものとする。 次に、までを削除し、隣接する場所を標準とし各地域の実情等によって「……借り上げ等によって……こ	用地買収前は自宅敷地内に存した駐車場であり、大阪市の実情を勘案した場合、移転後の駐車場は隣接した場所でなければ、現状の機能が確保されたと言いがたい。	22	

			れに該当しないものとする。に改める。			
52	条件等③及び④	近隣に車庫（駐車スペース）を借り上げによって確保できるか。　車庫借り上げ賃料相当額の補償	削除	移転後にその機能を回復するのは、住家と同敷地（住～②の隣接土地を含む）であるのが好ましく、借り上げの際の貸主の権利関係（駐車場の賃貸借における借主の立場の弱さ）を考えれば、借り上げ駐車場は、代替機能としては不適当ではないか。 　また、この場合に補償を受ける者、受けない者との間で不均衡、不平等が起こるのではないか。 　近隣に賃貸駐車場があれば、24カ月分の補償（月1万として約22万円の補償）賃貸駐車場がなければ建物補償により、かなり多い補償金がいるという、実務上の矛盾が発生する。	17	移転後の機能回復が、移転前と同様の状態で確保できることは望ましいことであるが、現状の機能（駐車スペース）を回復するために、現状とは異なった方法によって行うものとし、それによって生ずる損失を補償することもある。今般、想定している自家用駐車スペースを借り上げによって機能回復する方法によることとしたものである。この方法が通常妥当と認められている方法を、大きく逸脱しているものとは考えられない。
53		近隣に車庫（駐車スペース）を借り上げによって確保できるか。	条件③及び④を削除	用地買収前は自宅敷地に所有していた駐車場であり借り上げによる確保では、現状の機能が確保されたとは言いがたい。	20	
54		③　近隣に車庫（駐車スペース）を借り上げに	︶	自宅敷地内に存する駐車場の機能を確保するために	33	

		よって確保できるか。 ④ 車庫借り上げ賃料相当額の補償	条件③、④を削除	借り上げによって確保することは、想定すべきでない。 ○ 自宅敷地内に存する車庫（駐車スペース）は、住宅と一体をなしたライフスタイルから、不可分の関係が定着していると認められる。 ○ 近隣での借り上げによる車庫（駐車スペース）の継続が保障できない。移転後に借り上げの解約が生じ、継続が不可能となった場合、基本方針とする機能の確保ができなくなる。 ○ 事例区分の住－2、業－1及び業－2において、条件③は想定していない。		
55	屋根付き車庫とそれ以外の場合で、取り扱いに区別がない。	「車庫」の借り上げか「駐車スペース」（月極駐車場等）なのか不明確であるため、屋根付きは「車庫」、それ以外は駐車スペースと区分する必要がある。	屋根付き車庫の場合は、駐車スペースが確保できるだけでは、機能を充たしているとは、いい難い。	14	現状の機能を回復するとは、単に駐車スペースが確保できれば良いものではなく、現に屋根等の「車庫としての施設」を有するものは、これと同様の施設を有する車庫（駐車スペース）を確保することを前提とすべきものと考えている。 なお、「車庫」又は「駐車スペース」の区分につい
56	条件③では距離及び借り上げについてのみを判断基準としている。	判断基準の条件に、現状の車庫機能（上屋等）を有している場合の借り上げについて、同じ機能をする（上屋等）ものを	借り上げ車庫が上屋を有していない車庫であるときは現状の機能が確保されたとは言いがたい。	32	

第４章　店舗又は住宅における駐車場の補償についての調査研究委員会報告書（抜粋）

		標準とすることを追記されたい。				ては、駐車場法（法律第106号）又は自動車の保管場所の確保等に関する法律（法律第145号）（通称「車庫法」）に定めた名称等を参考として「車庫（駐車スペース）」に統一することとしたものである。
57	条件等③	次に「……借り上げ等によって確保できる状況……」とは、借り上げを行う場合に、比較的容易に確保できる状況をいう。したがって、順番待ち等の状況にあるときは、これに該当しないものとす。	次に「……借り上げ等による確保できる状況……」とは、借り上げを行う場合に、比較的容易に確保できる状況をいう。したがって、順番待ち等の状況（短期かつ確実なものを除く）にあるときは、これに該当しないものとする。	短期かつ確実な順番待ちは、「比較的容易に確保できる状況」であるといえるので。	34	意見の趣旨に従って改める。（短期待つことによって確実に確保できるものを除く。）
58	条件等③	条件等③の判断基準	「次に……」以下を全部削る。	条件等③の判断基準については、ある程度、想定補償としてとらえるべきではないかとの立場から「次に……」以下を削る。	11	実務処理にあたっての細目を示す必要はないが、ある程度の判断基準を明解にする必要から削除しない方が良いと思料される。
59	条件等③	条件等③	条件等に次のような規定を加える。「近隣に車庫（駐車スペース）とすることができる土地が確保できるか。」	条件等③については、近隣における土地の確保も検討対象とし、車庫借り上げと土地の確保との経済比較によるべきではないか。（以下「事例区分住－２」においても同様	11	今般の補償方法の検討フローチャートは、機能回復の方法（手順）を示すものであり、原則的には手順間の経済比較を行なうものとしている。なぜならば、機能回復の方法を現状の使用実

177

						態等の各種条件を考慮しているものである。したがって、仮に、条件等②又は③のいずれの方法によっても機能回復が可能とする場合には、②によって補償処理することとなる。
60	条件等③及び④	条件等③ 条件等④	次のように改める。 構内（残地）において、建物を移転することなく、現状の車庫（駐車スペース）を確保できない場合には、次の各号に定めるところによるものとする。 ア　近隣に車庫（駐車スペース）が確保できる場合 (ア)　当該駐車場の用に供されている建物の撤去に要する費用に次式により算定した車庫借上賃料相当額を加えた額を補償するものとする。当該地域における標準的車庫借上料金（１カ月当たり）×残耐用年数×年金現価率＝車庫借上賃料相当額 ①　この式において、残	1　車庫（駐車スペース）滅失による損失としては、次の２点が考えられる。 (1)　駐車場機能喪失による生活の利便性の喪失 (2)　駐車場機能喪失による土地建物取引価値の低下 (1)の点については、第一次（案）のとおり、従前の機能確保を前提として移転工法を検討すべきことについては異論がない。 第一次（案）のうち近隣で車庫（駐車スペース）が確保できる場合の考え方については、当該損失は現敷地上に存する建物が将来建て替えられるまで継続するのであるから、現在の建物の残存価値分を充当せよということになり、最終的に構外再築の補償を行う	30	原案のとおりとしたい。

第 4 章　店舗又は住宅における駐車場の補償についての調査研究委員会報告書（抜粋）

場合と比較して、同じ損失でありながら近隣の状況によって一種の自己負担が生じることは、公平を損なうことになると思われる。よって、左欄ア(ア)のように取り扱うべきであると考える。

(2)の点については、駐車場の権利付きで土地建物の取引が現実になされていることを考慮すると、現に車両を保有していなくとも、駐車場機能は将来その土地上に存する建物が建て替えられるまで内在する訳であるから、事業用地分の土地の価値とは別個の損失であり最低限度の価値補償として損失補償がなされねばならないと考える。従って、左欄ア(イ)のように取り扱うべきである。この場合の土地建物取引価格価値減少分に相当する額の算定は、別添「マンション取引例による駐車場権利価格」の表に示すように、現実の取引例と理論値は額的に似通ったものであり、充分に実務上の使用に耐え得るものと思われる

耐用年数とは当該駐車場と一体として効用をなす主たる建物の耐用年数をいい、当該耐用年数が24カ月未満の場合には24カ月とし、年金現価率による補正は行わないものとする。

② 年金現価率に用いる率は、6パーセントとする。

(イ) (ア)により算定した額が次式により算定した額を下回るときは、次により算定した額を補償するものとする。車庫（駐車スペース）の除却に要する費用に次式により算定した土地建物取引価格価値減少分に相当する額を加えた額を補償するものとする。

（土地価格＋当該駐車場の用に供されている建物を除く

			他の建物の現在価)×価値減少率＝取引価値減少分相当額 この式において、価値減少率とは、近隣における駐車場の権利付きで取引がなされている物件の価格に占める当該駐車場の権利価額相当額をいう。	ので、同表の比率2の率によることが適当であると考える。	
61	条件等④	条件等④ 車庫借り上げ賃料相当額の補償の判断基準では、用対連細則の運用申合せ第6を補償根拠として、その期間を「24カ月」とあるを	その期間は10年以内とし、前価で支払うものとする。	自宅敷地内に存した駐車場を他に求めさせるのに24カ月が妥当とは思われない。住－2で立体駐車場を補償するなら、それは耐用年数からすると半永久的な補償を認めていることになりバランスがとれない。よって、10年以内とし、前価で支払うこととしてはどうか。	1	多くの意見の主旨は、各々理解できるが、現状ではいずれも実施することは、困難な状況にあり、原案どおりとしたい。
62		④車庫借り上げ賃料相当額の補償	補償対象月数を当該建物の残耐用年数とする。	用対連運用申合せによる2年では根拠に欠ける。	2	
63		条件等④ 車庫……の判断基準の経費増算定式の24カ月について	24カ月の根拠は何か。	「借家人補償の2年以内」については、従来が借家であって、しかも、家賃は経済変動に伴って2年程度毎に改訂等があることから規定さ	8	

180

第4章　店舗又は住宅における駐車場の補償についての調査研究委員会報告書（抜粋）

			れており、「営業廃止補償の2年以内」については、転業までの期間と収益が従前に回復する期間の合計として規定されているが、今回案については、従前自家用が土地借り上げになった上、経費増の補償期間2年以内で機能が回復したことになるのか。	
64	条件等④　車庫借り上げ賃料相当額の補償……賃料相当額の算定は次式によって行うものとする。 当該地域における標準的駐車場料金（1カ月当たり）×0.9×24カ月＝賃料相当額	前価額 当該地域において実際に賃借する駐車場料金（1年当たり）×0.9×(母屋)当該住宅の残存耐用年数 －事業用地土地代の運用益＝賃料相当額 なお、耐用年数を経過しているものについては、専門家による残存耐用年数又は、2年程度の打ち切り補償とする。	一般住宅、自家用の場合、当該住宅が存在する限り駐車スペースは必要なものであり、これは、営業者でもない居住者が、自己の努力によって補えるものではないと考える。 なお、フローとしては、左記賃料相当額と改造費等の経済比較を行う必要がある。	27
65	条件④　賃料相当額の算定 当該地域における標準的駐車場料金（1カ月当たり）×0.9×24カ月＝賃料相当額	24カ月の補償期間を最低として、現在の車両の残耐用年数が24カ月を超える場合は残耐用年数の期間とする。 補償根拠 ＊自動車耐用年数6年 （減価償却資産の耐用年数等に関する省令）	自動車の耐用年数が普通自動車の場合6年であるので、6年の賃料相当額を補償されたい。	32
66	条件等④の判断基	当該地域におけ	○賃料負担が新た	33

	準　賃料相当額の算定	る標準的駐車場料金（1カ月当たり）×0.9×60カ月（5カ年）＝に改める。	に発生することから、補償期間の2カ年は短すぎ5カ年程度が妥当と判断される。 （5カ年については、検討を要する。）	
67	条件等④車庫借り上げ賃料相当額の補償 当該地域における標準的駐車場料金（1カ月当たり）×0.9×24カ月＝賃料相当額	賃料相当額の算定式の期間を24カ月と定めているが当事務局としては車の残存保有期間や車庫施設の残存耐用年数等に着目して期間を定めるべきではないかと考える。また権利金等の補償も行う必要があると考える。	第1次案は車庫及び車の耐用年数を考慮していないため関係者の説明が困難と予想される。（車の耐用年数については、減価償却資産の耐用年数に関する省令S40．3．31大蔵省令第15号を適用すべきであると考える。）	9
68	条件等④の判断基準 「賃料相当額の算定は次式によって行うものとする。当該地域における標準的駐車場料金（1カ月当たり）×0.9×24カ月＝賃料相当額」	権利金等の一時借入に伴い生じる損失及び新たに必要となる費用として、借家人補償の規定に準じて、敷金又は権利金の損失及び返還される敷金の運用益損失額の補償を加える。	駐車場は借地借家法の適用を受けないが、借家に準じた賃貸借契約がなされており、賃料相当額のみでは十分な補償といえない。	19
69	車庫の借り上げ期間24カ月	車庫の借り上げ期間を イ）建物の残存耐用年数 ロ）車両の耐用年数 のいずれかによるべきである。	現行の家賃差補償期間（2年以内）については、借家慣行の実態からみて全て補償されてはいないとして、期間の限度を5年以内に引き上げるよう要望もあること、また、駐車場の機能回復という性格から訂正	24

第4章　店舗又は住宅における駐車場の補償についての調査研究委員会報告書（抜粋）

				案によることとする。		
70	条件等④	条件等④　賃料相当額の算定は、次式に…… 当該地域における標準的駐車場料金（1カ月当たり）×0.9×24カ月＝賃料相当額	算式の乗率0.9について見直す。	同一敷地内における車庫であれば、洗車、荷物の出入れ等が容易であるが、近隣においては、これらについて容易でなくなる不便性を考慮する必要がある。	29	0.9の補正は、従前（移転前）の車庫（駐車スペース）に要していた管理費及び土地に係る公租公課等の相当分不用となることから、これを控除するものである。したがって、厳密にはこれらの費用相当額が標準的駐車場料金に対する割合を算出すべきものであるが、具体的な算出が困難なことから0.9と認定したものである。
71		条件等④　0.9（補正値）は、「0.1の範囲内」とする。	控除（管理費、土地に係る公租公課等の相当額分）であり、管理費、公租公課等の合計額が、駐車料金の0.1は、大きすぎる。	借り上げ車庫（駐車場）のほとんどが無蓋駐車場	6	
72	条件等④	条件等④ 　車庫借り上げ賃料相当額の補償相当額の算定は、次式によって行うものとする。	第一次案に次の事項を加える。 「但し、権利金等の一時金の支払いが当該地域で認められる場合は、その実態に応じて加算するものとする。」	市街地において、駐車場を借り上げる場合、貸主から権利金的な名目で1カ月の賃料程度を要求される場合が見うけられるため。	29	この基準（フローチャート）は、中央用対連として規定するものであり、車庫（駐車スペース）の借り上げに一時金（礼金等）を必要とするのは全国的には、一般化していない。したがって原案どおりとしたい。 　ただし、都市部において一時金（礼金等）が明らかな慣例となっている場合には、別途その実態を把握したうえで補償することもやむを得ないものと思料される。
73			（一時金を必要とする場合） 　当該地域における標準的駐車場料金（1カ月当たり）×0.9×24カ月＋一時金（礼金等相当額＝賃料相当額に改める。	本県都市部において、駐車場を新規に借りる場合、駐車場料金の約2カ月分〜3カ月分の礼金等の一時金を支払っているケースもあるので、その場合は実情に応じて対応したい。	15	
74		条件等④の判断基準の賃料相当額の算式	当該地域における標準的駐車場料金（1カ月当たり）×24カ月＝賃	条件等④の判断基準の賃料相当額の算定については、土地買収代	11	

			料相当額 なお、当該地域において権利金等の一時金を必要とするときは、これを補償する。	金・車庫施設の除却補償等とは別に、物件補償として車庫の機能を確保することを前提に補償しようとするものであることから0.9の補正は不要ではないか。 また、駐車場の賃貸についても、最近、権利金等の一時金の授受が多くなってきていることから、これについても補償する必要があるのではないか。		
75	条件等④	条件④ 　車庫借り上げ賃料相当額の補償 　当該地域における標準的駐車場料金（1カ月当たり）×0.9×24カ月	車庫借り上げに要する費用 　当該地域における一時金相当額×0.15＋当該地域における標準的駐車場料金（1カ月当たり）×0.9×24カ月	大阪地区周辺において保証金として6カ月分の一時金を納めるようになっているところがある。 ※0.15の根拠 $0.08 \times \dfrac{(1+0.06)^2-1}{0.06(1+0.06)^2}$ $\fallingdotseq 0.15$	5	
76	条件等④	条件等④　上記と同じ	標準的駐車場料金について、従前の車庫と同等な設備（屋根等）を有する借り上げ料金とする。 　近隣地域において、同等の施設を有する事例等が無い場合、その施設に対する加算率を設定し、近隣地域の標準的駐車料金に乗ずる。	本意見は、支障となる駐車施設が屋根付で、近隣地域において屋根付駐車施設がない場合の標準的駐車料金の設定について加算率が必要でないか。	29	「当該地域における標準的駐車場料金」とは有蓋、無蓋及び施設の程度（車庫としての施設の有無）によって標準的な料金を規定することを前提としており、それらの区分を加算率（係数）によって処理することも各起業者の判断によるものとする。
77	条件等④	条件等④の判断基準に 「当該地域におけ	買収地（駐車場部分）の土地代金から生ずる利益は	買収された土地代相当額については、機能回復され	3	一般の建物補償（構内改造又は再築工法）の場合で

第4章　店舗又は住宅における駐車場の補償についての調査研究委員会報告書（抜粋）

		る駐車場料金×0.9×……」	控除する必要はないか？	ず関係者の手元に残るものであり、これより生ずる利益は補償額から控除されるべきではないか。		あっても土地の買収代金からの利益額を控除しておらず、駐車スペースの場合のみ控除することは妥当でないと思料される。
78	条件等④	条件等④　「車庫借り上げ……」の判断基準では「…分割移転等による経費増の補償によるものとして、賃料相当額の算定は、……」	「…車庫施設の売却補償又は分割移転等による経費増の補償として、賃料相当額の算定は、……」に改める。	第1次案では、車庫（駐車場）機能の代替機能の補償となっているが、資産価値のある車庫に対しては、その滅失に伴う損失の補償が必要と考える。	26	車庫借り上げ賃料相当額の補償に加えて「車庫施設の除却（工法）補償」を行うことになっており、意見の車庫施設の滅失に伴う補償は行っている。
79	条件等④	P4フロー中 車庫借り上げ賃料相当額の補償及び車庫施設の除却（工法）補償 〔住1～④〕	「権利金等の一時借入れに要する費用の補償」を追加する。	新たに駐車場を借りる場合、借り始めに権利金、名義料等の名目で支出を要する場合がある。	34	
80		条件等④　車庫借り上げ賃料相当額の補償	車庫借り上げ賃料相当額、移転先選定費、法令手続きに要する費用、日当交通費、就業不能補償、新駐車場の一時金の補償	車庫借り上げに際し、経費を要する。	22	
81		条件等④　車庫借り上げ賃料相当額の算定	移転先選定経費等の移転経費も補償できるものとする。	有料駐車場の選定についても、容易に適当な箇所が見つかりにくい場合もあるため。	25	
82	条件等⑤	条件等⑤の判断基準に「この場合の移転工法としては、改造、除却及び……構内再築工法がある。」	構外再築工法との経済比較による工法の決定を考えなくてよいか？	この場合最終的に構内再築工法と認定されても、構外再築工法との経済比較によっては、構外再築工法の方が経済的であると判断される場合がある。	3	従来、建物の移転工法の検討にあたっては、かならずしも、車庫（駐車スペース）の機能確保にウエイトを置かない場合もあったところである。今般の検討は

						基本的に、車庫（駐車スペース）の機能を確保することを前提とし、その方法と手順について示すものであり、意見のとおり、条件住1－⑤のYES「建物は改造、除却、曳家又は構内再築工法……」とNOの「構外再築（工法）補償」については、一般の場合の移転工法における「経済的検討」が行われることは当然である。
83	条件等⑤	補償方法の検討フロー（条件等⑤のNO）	条件等⑤のNOの場合、車庫とともに用地取得の範囲内に存しない建物の一部又は全部の構外再築（工法）補償を想定しているのかどうか不明な点がある。 ① 市街地においては、一般的に建ぺい率・容積率一杯に建物が建っているケースが多く、残地を利用しての「車庫の機能を確保すること」は、ほとんど不可能なことが予想される。また、隣接の土地の確保や近隣における車庫借り上げによる「車庫の機能を確保すること」も困難なことが予想される。 ② このような事例では、構外再築（工法）補償となることが予想されるが、車庫を確保できないための補償としては、過剰補償となるのではないか。 ③ 仮に、補償するとした場合、補償内容からいって、実際に補償内容の履行の確約を必要とすると考えられる。 （以下「事例区分 住－2」においても同様。）		11	意見の趣旨を踏まえて、新たに⑥を判断基準に加えることとしたが「構外再築（工法）補償」の採用にあたっては、慎重に判断する必要がある。
84		構内において建物を移転の対象と	〈質問〉 構外再築との経		5	

第4章　店舗又は住宅における駐車場の補償についての調査研究委員会報告書（抜粋）

		することによって 現状の機能が確保 できるか 　→ YES の場合	済比較は必要か？ 　構外再築より高 くてもよいとする 場合その限度はど の程度か？		

事例区分

住－2

整理番号　No.85～No.117

整理番号	区分	第一次案	訂正（意見）案	その理由	起業者番号	意見に対する対応
85	条件等①	「……不可欠なものであり」とは……いることをいう。	「不可欠なもの」に限定する必要なし	"はじめに"に記載されているとおり国民生活にとって自動車は生活必需品となっている。 　駐車場があることが、駐車場を必要としていることの証明である。	6	意見の趣旨によって、次のように改める。 　「当該地域は、アパート等の場合に同一敷地内に車庫（駐車スペース）を確保し、借家の条件として使用させているのが一般的な地域か」
86		「当該地域は生活するために、自動車は不可欠なものであり、」	削除	非常にあいまいな表現であり、実務上で混乱をまねくのではないか。 　また、現在において地理的条件だけでなく、車は生活上必要不可欠な状況にあると思われる。 　（参考…現行の案の判断基準では、大阪府内に該当するものがほとんどなく運用できない） 　なお、今回の調査研究から除外されている「貸駐車場を賃貸して自動車を保管（駐車）している者に対する補償」と類似の補償と思われるのでその是非の判断を示してほしい。 　また、その際に借りているもの	17	

		（今回のケースでは借家人）への補償の是非及び方法の判断も示してほしい。	
87	「当該地域は………不可欠なものであり、車庫の有無が………影響を与えるか」　判断基準「………賃貸借に影響………」とは………想定されることをいう。	条件①の前段（「当該地域は………不可欠なものであり、」）の削除　判断基準の前段（………とは、一般的となっていることをいう。）の削除　判断基準の後段を「……賃貸借に影響……」とは、近辺での駐車場の確保が困難であり、駐車スペースを失うことは、入居率又は、………想定される………。に改める。　「記載事例」の意見のとおり　特に、業－1の具体的業種の例示について、よろしくお願いしたい。	「ゆとりの時代」「余暇の時代」が取り沙汰される昨今、自動車の必要性については、第一次案の「不可欠なもの」よりも、広く解釈されるべき。　また、第一次案では「公共交通機関の運行本数が少なく」とあるが、交通機関の発達した地域（市街地？）においても、否、そのような地域であればこそ、駐車スペースを有していることが、当該アパート等の入居率及び家賃を高める付加価値となるであろう蓋然性が高い。　よって、駐車スペース確保のための補償の積極性如何は、近辺での代替駐車場確保の難易から判断すべきと思われる。	18
88	「当該地域は生活するために、自動車は不可欠なものであり、」同判断基準「「……不可欠なものであり、」とは、………一般的となっている	削除する。　　削除する。	今回の改正は、国民生活と自動車が生活上密接不可分の関係にある状況を踏まえて、移転後においてもその機能を確保することを前提としているのだから、公	28

		ことをいう。」		共交通機関の運行本数を問題とすべきではない。	
89		「……不可欠なものであり、」とは、電車、バス等の公共交通機関の運行本数が少なく、通勤、買い物、その他の移動に自動車を使用することが一般的となっていることをいう。	「……不可欠なものであり、」とは、電車、バス等の公共交通機関の運行本数が少なく、通勤、買い物、その他の移動に自動車を使用することが一般的となっているケース等地域の実情に応じて考慮するものとする。	地方都市では、電車、バス等の公共交通機関の本数は多いが、入居する際には車庫有りの貸家に入居希望するのが通常であり、車庫が無くなることは、家賃の低下が十分に予想される。	34
90		条件等①「当該地域は生活するために、自動車は不可欠のものであり、車庫の有無が建物の賃貸借に影響を与えるか。」	「車庫の有無が建物の賃貸借に影響を与えるか。」に改める。	現代生活において、自動車が不可欠であることは自明のことである。また、車庫の有無が建物の賃貸借に影響力をもたないなどということは稀であろう。	12
91	条件等①	当該地域は生活するために、自動車は不可欠のものであり車庫（駐車スペース）の有無が建物の賃貸借に影響を与えるか。	二つの条件（自動車が不可欠と建物の賃貸借に影響）を整理する。	自動車が不可欠な地域かどうかは一般住家でも判断されるところになる。つまり、アパートでNOならば住家でもできるかぎりでよいことになってしまう。	2
			判断がむずかしい。	駐車スペースが無くなるとすれば、大家としては当然賃料を下げる行動を取ると思われる。	
92	条件等①	当該地域は生活するために、自動車は不可欠なものであり、車庫（駐	「当該地域は生活するために、自動車は不可欠なものであり」を削除	地域、車の利用目的及び利用頻度により補償内容が異なるのは、補償	16

第4章　店舗又は住宅における駐車場の補償についての調査研究委員会報告書（抜粋）

		車スペース）の有無が建物の賃貸借に影響を与えるか。	する。	の公平を欠くことになる。		
93	条件等①	当該地域……の判断基準の「……家賃の低下等の影響が想定……」について	想定とは、具体の資料根拠（実態家賃の調査等）を必要とするのか、あくまで想定でいくのか。		8	前85〜92までの趣旨によって改めた。（前回答参照）同　　上
94	条件等①	当該地域は生活するために、……賃貸借に影響を与えるか。判断基準「……賃貸借に影響……」とは……	入居率に影響がなく、家賃の低下に影響があると認められた場合は、補償方法としては、家賃の低下相当額を補償する事により足りるのではないか。		10	
95	条件等①	補償方法の検討フロー	「事例区分住－2」は、車庫所有者にとっては、アパート業経営上の問題ととらえることから、車庫所有者に対して補償するものとした場合、従来の業務用と同様な補償方法の検討を考えるべきではないか。	「事例区分住－1」は、車庫所有者と車庫利用者が同一人の場合を想定していると考えられる。	11	住－2は、アパート等で車庫（駐車スペース）は借家人等が使用することを前提としたものである。しかし、基本的には車庫利用者が同一者であっても同様の方法になると思料される。
96	条件等②	「構内（残地）において、立体駐車場を設置することが可能か。」	「構内（残地）において、立体駐車場を設置することが、近隣の状況等から判断して合理的であり、機能的に可能か。」	住宅における駐車場の場合、立体駐車場は必ずしも一般的とはいえず、単に機能的に可能かどうかだけでなく、近隣の状況を踏まえて判断すべきことを明示しておいた方がよい。	28	意見の趣旨に改める。「構内（残地）において、立体駐車場を設置することが可能であり、かつ、地域の状況からして妥当か。」
97		構内（残地）において、立体駐車場を設置することが	マンションの場合は別として、通常のアパート等に		10	

		可能か。		おいては、立体駐車場の設置による機能確保は想定すべきではないと考える。		
98	条件等②	構内（残地）………の判断基準では、「この場合の検討としては、……の関係について行う必要がある。」	具体的に何をどのように検討するのか文章表現を改めてほしい。	現在の文章では何を行うのか不明確である。	3	意見の趣旨で改める。
99	条件等②	「……、これに要する費用と次に規定する建物を移転の対象とする方法との費用の関係について行う必要がある。」	「建物の移転料の範囲内であれば、立体駐車場の設置を認められる。」という理解でよいのか。（上限を設ける必要があるのではないか。）	建物の移転料が高額である場合に、機械式の立体駐車場を設置すると機能は同じでも財産価値の増になると思われるが、問題はないのか。	14	基本的には、立体駐車場の設置が可能な場合には、それによって補償することを規定したものであるが次に規定する建物を移転する方法との経済的比較をも目安として立体駐車場の設備等を検討することとしたものである。したがって、駐車場の機能を確保するために一部機械設備等の財産価値の増加はやむを得ないものと思料される。
100		構内（残地）において………。の判断基準「この場合の検討としては、……方法との費用の関係について行う必要がある。」とあるのを	「………方法との費用の関係について、明らかに差異が認められる場合を除いて比較をする必要がある。」に改める。	補償の算定について、明らかに建物移転補償より立体駐車場を設置することの方が安価の場合には、比較検討をする必要はないのではないか。	1	
101	条件等②及び③	構内（残地）において、立体駐車場を設置することが可能か。	条件②及び③を削除。	住宅（アパート等を含む。）に存する駐車場の機能を確保するために、立体駐車場を想定すべきではない。	20	一部地域（都市部）において、立体駐車場が設置されている現状を踏まえた場合に、この事項を削除することは困難であると思料される。なお、意見№96、97において設置の条件に「……地域の状況からして妥当か。」を加えるこ
102	条件等②及び③		削除。	立体駐車場の設置は、営業体に限って考慮すべきものと思料される。集合住宅では建物と駐車場の機	35	

第4章　店舗又は住宅における駐車場の補償についての調査研究委員会報告書（抜粋）

				能的一体性はそれほど認められない。		ととした。
103	条件等③	この場合の立体駐車場設備の種類等については、収容する台数、設置場所等の条件によって異なったものとなる。なお、設置する設備が機械式であって、通常の維持管理費等が必要と認められる場合には、その費用を含めて補償することができるものとする。	補償期間を表示してはどうか。		34	維持管理費の必要性の判断については、立体駐車場の種類、収容する台数、等によって異なったものとなる。　したがって、具体の維持管理費の算出も、その状況に応じた方法を行うことが妥当と考えられる。
104		必要最小限度規模の立体駐車場設備……の判断基準では、通常の維持管理費等が必要と認められる場合には、その費用を含めて補償することができるものとする。	通常の維持管理費等についての具体的内容等について規定すべきである。	第一次案の判断基準では、起業者間に不均衡が生じることとなる。	13	
105		通常の維持管理等が必要と認められる場合には、その費用を含めて補償することができる。		維持管理費の補償基準は、事業損失補償の例によるのか明示されたい。	17	
106		「必要最小限規模の立体駐車場設備の設置補償」	立体駐車場設備の類型判断、機械式の場合の維持管理費等の算定方法等について早期に基準が整備されることを希望する。	起業者間の取扱いに不均衡が生ずる可能性が大きい。	28	
107		必要最小限規模の立体……の判断基準では「……通	……必要と認められる場合、2年程度の範囲内で、	住－1　条件等④「車庫借り上げ賃料……」と同様	31	

		常の維持管理等が必要と認められる場合……」	その費用	に維持管理等の補償期間を具体的に明記していただきたい。(文章上では運用が困難である。)	
108		機械式の通常の維持管理費等を補償することができる。	判断基準において、補償対象となる維持管理の内容及び範囲を例示願いたい。		36
109	条件等②| 「隣接に車庫とすることができる土地が確保できるか?」」	NO という判断を下した場合、立体化に至るまでに、「借上げによる車庫の確保ができるか」の判断も入れるべきではないか?	現状のフローでは、隣接に車庫とすることができる土地が確保(買収)できないと、すぐに車庫の立体化の検討になってしまうが、借り上げによる場合も検討されるべきである。	3	本事例区分住-2は、建物所有者を主としたフローであり、一般的車庫(駐車スペース)の使用は借家人等である場合に一般住家と異なり借家としての建物の機能を確保するために車庫(駐車スペース)を借り上げとすることは妥当でないものと思料される。
110	検討フロー住2-②		補償方法の検討フローとして〈隣接に車庫(駐車スペース)とすることができる土地が確保できるか。〉の次に「〈近隣に車庫(駐車スペース)とすることができる土地が確保できるか。〉」を加え、〈構内(残地)において、立体駐車場を設置することが可能か〉との経済比較による。	補償方法の検討フローにおいて、近隣における土地の確保も検討対象とし、構内(残地)での立体駐車場設置の補償との経済比較によるべきではないか。	11	住-1 No.24に回答
111	検討フロー		「構内再築工法」を追加する。ただし、「分割構	構内再築工法によって駐車スペースが確保できる	34	意見の趣旨に従って、「構内(残地)において、

第4章　店舗又は住宅における駐車場の補償についての調査研究委員会報告書（抜粋）

		建物は、改造、除却、曳家（工法）補償及び車庫施設の構内移転	外再築工法」との経済比較を行い、合理的な移転方法を判断するものとする。	ケースが想定されるため。		建物を移転の対象とすることによって、現状の機能が確保できるか」YES の場合に「構内再築」を加えるものとし、NO の場合を「分割又は構外再築（工法）補償」に改めるものとする。
112		分割構外再築（工法）補償	この条件に至る前に、建物を分割して再築することが可能であるか判断すべきではないか。	必ずしもすべての建物が分割可能であるとはかぎらないため。	3	
113	条件等④	本件に係る補償は、建物の一部を分割して構外に移転する方法（工法）が想定される。	……、建物の一部又は全部を構外に移転する……	駐車場の大部分が買収される場合において駐車スペースを生み出すために建物の大部分を移転させなければならないケースにおいては（高層化されたアパートにおいては居住面積に対する駐車スペースが低いため世帯の多くを移転対象とする場合が生じる。）、残地に残る建物の改造等を考慮すると全部移転した方が経済的に安価となる場合も考えられる。	4	
114	検討フロー	分割構外再築（工法）補償〔注2〜④〕	建物の一部を分割して構外に移転することが可能か。 YES 〔注2〜④〕 分割構外再築（工法）補償 NO 構外再築（工法）補償	建物の構造等によっては、その一部を分割して構外移転することはできないこともあるので、その場合には（全面）構外再築できるものとする。	34	

195

115	条件等⑤		構内（残地）において、建物を移転の対象とすることによって、現状の機能が確保できるか、で NO の場合 分割が可能かの条件を加え、YES の場合は第一次案、NO の場合は、構外再築（工法）補償とする。 判断基準としては、構造上及びアパート経営上分割が可能か否かで判断する。	第一次案では、分割構外再築が補償としての上限となっているが、アパートの構造等により、分割ができない場合も考えられるため、構外再築（工法）補償も可能とすべきである。	6
116	条件等⑤	分割構外………の判断基準の「……建物の一部を……想定される」について	分割移転先の土地代金、建物等の維持管理の増等が生じることになる。	分割移転する土地代金は、用地取得に伴う土地代金で補填が可能か、また、建物（アパート）を2か所に所有することになり維持管理の増にもなるのではないか。	8
117	条件等⑤		被補償者が、車庫（駐車スペース）所有者又は、車庫（駐車スペース）利用者のいずれを想定しているのか不明な点がある。	「事例区分住－2」の補償方法の検討フローによれば、最終的には、車庫（駐車スペース）しか買収の対象とならないにもかかわらず、アパート居住者についても被補償者とせざるを得なくなる。これにより、アパート居住者に対しては、借家人補償が必要となるが、実務的には、アパート居住者の	11

第4章　店舗又は住宅における駐車場の補償についての調査研究委員会報告書（抜粋）

				うち、だれを借家人補償の対象とするか、その特定も困難であることから、被補償者は車庫所有者に限るものとし、車庫利用者は対象としないとすべきではないか。		

事例区分

業－１及び２

整理番号　No.118～No.136

整理番号	区分	第一次案	訂正（意見）案	その理由	起業者番号	意見に対する対応
118		貸駐車場を賃貸して自動車を保管（駐車）している者に対する補償の是非については、今般は検討の対象から除外するものとする。	貸駐車場を賃貸して自動車を保管（駐車）している者及び駐車場を賃借している者に対する補償の是非についても、早急に検討の対象にしてもらいたい。	今回の「駐車場に係る基本的な処理方針（第一次案）の取りまとめにおいて貸駐車場を賃貸して自動車を保管（駐車）している者に対する補償の是非については、今般は、検討の対象から除外するとのことであるが、現在、再開発部においては、第二種市街地再開発事業を展開し、面的買収をおこなっており、貸駐車場等を一括して買収する例も少なくなく、損失補償基準細則の運用基準又は申合せ等により早急に統一的な運用を図る必要がある。 ○貸駐車場を賃貸して自動車を保管（駐車）している者の補償について 　今まで貸駐車場（更地）を経営している権利者については、土地等の一時的な有効利用、土地等の買収費で資産運用ができる等の理由で土	11	原案のとおりとしたい。ただし、都市部における車庫（駐車スペース）の実態を踏まえると貸駐車場の使用者に対する取扱いについて早速に検討する必要があるのが実情である。

第4章　店舗又は住宅における駐車場の補償についての調査研究委員会報告書（抜粋）

地のみの買収で対応している状況であるが、今日の駐車場の現状を考えると自動車は生活必需品であり、駐車場の需要は十分あり移転先においても駐車場の経営を継続する関係人が増えると予想される。

○貸駐車場を貸借して自動車を保管（駐車）している者の補償について

駐車場の買収に伴い賃借契約者は、新たに駐車場を借りることになるが、東京区部においては、車庫法の改正等により駐車場不足が深刻化し、その様な状況の中、駐車場の賃借契約者は、不動産屋等に仲介を依頼し、手数料を支払うケース又は移転先地での駐車場の権利金等を支払うケースが増え新たな出費を伴うことになり、駐車場を買収する場合に施行者と衝突するケースがある。

現在の車の保有状況及び社会情勢の変化を考慮のうえ上記の問題について統一的な運用を検討されたい。

| 119 | 業－1 | 補償方法の検討 | 業務用「事例区 | 業務用の車庫 | 11 | 車庫（駐車ス |

	業−2	フロー		分業−1」・「事例区分業−2」について	（駐車スペース）の補償処理の方法については、ある程度、確立されていると考えているが、今回これを変更するものであるのかどうか不明な点がある。 ① 意見聴取の2の(1)の(ロ)のとおり、業務用の車庫（駐車スペース）の補償処理の方法については、従来から、ある程度、確立されていると考えている。 ② このため、今回のような「車庫の機能を確保すること」を前提とする補償方法の検討フローにおいて、〈構内（残地）において、現状と同様の形態で機能が確保できるか。〉から検討を始めることについては、従来の補償実績の積み重ねとは異なる検討方向となり、疑問がある。 ③ 「事例区分業−1」及び「事例区分業−2」とも意見聴取の2の(1)の(ロ)のとおり検討して補償をすべきではないか。		ペース）の補償処理の方法について、意見では確立されているとの主張であるが、現在まで各起業者において各々の検討結果と実情を踏まえて処理されていたところであるが、その結果、各起業者間の処理方法がかならずしも統一化されたものでないことから、今般の具体的な事理方針の統一化のための検討が行われているものである。

120	業－1 業－2	○補償方法の検討フロー ・住1～② 隣接に車庫とすることができる土地が確保できるか。の条件から業1～③ 車庫を一部立体化することが可能な業種。の条件へのフロー	○住1～②の条件から業1～③の条件の間に　住1～③〔近隣に車庫を借り上げによって確保できるか。〕の条件を入れた方がよいのではないか。	○商業地域における大型店舗においては、自店駐車場の他に、他業者の駐車場と契約し、顧客に利用させているケースがあり、ある程度のスペース減の場合、この方法により機能を確保することも可能ではないかと考える。	10	事例区分業－2については意見の主旨に改めることとした。ただし、業－1については建物が支障となっており、建物の移転によって車庫（駐車スペース）を確保することが相当であると思料される。
121		P8フロー中及びP11フロー中 隣接に車庫（駐車スペース）とすることができる土地が確保できるか。 NO 〔注1～②〕 車庫（駐車スペース）を一部立体化することが可能な業種 YES 車庫施設の構内又は構外移設〔業1～③〕	斜線部分に以下を挿入。 隣接に車庫（駐車スペース）を借り上げによって確保できるか。 YES 〔住1～③〕 NO 車庫借り上げ賃料相当額の補償及び車庫施設の除却（工法）補償〔住1～④〕	業務用の建物は、隣接に車庫を借り上げることが想定できるので、これを追加する。	34	
122	業－1 業－2	補償方法の検討フロー	補償方法の検討フローにおいて営業補償（規模縮少補償）の検討フローの追加？	営0～①で（あるいは、その前段）営業補償の検討が同時に必要になるのではないか。 疑問点…各検討フローにおいて、前後で補償金が逆転した場合前段でYESであっても、後段のフローで補	17	用対連基準第45条において営業規模縮少の補償が規定されているが、一般的な処理において、直ちに適用することはかならずしも妥当の方法とはいい難い状況にある（現在は現状の機能を回復することを前提とし

				償しなければならないのか。（経済比較の必要性）		ての補償処理が主流となっている。）ことから補償方法の検討フローに加えることは困難であると思料される。しかしながら、規模縮少の補償をすべて否定するものではなく、規模縮少の補償が相当と認められる特殊な条件があるときは、この方法によって処理されるべきものである。
123		補償方法の検討フロー	営業規模縮小補償の判断を盛り込む。	駐車場の使用実態によっては土地代相当額以外に何ら損失が生じない場合や生じるとしても営業規模縮少補償で対応すべきものがあり、判断基準を明確にしておかないと不公平が生じる。	19	
124		｝条件等①	営業規模縮小補償に移行する場合の条件を設定する。	機能回復を図る必要はあるが、営業規模縮小補償との均衡を図る必要がある。	25	
125	業－1－2	補償方法の検討フロー〔業1～①〕	左記の検討の様に、営業（業務）内容による駐車場の必要性を問う。「営業（業務）において、駐車場は必要・不可欠なものであり、駐車スペースの有無が業務に影響を与えるか」	左記の検討が必要ではないか。	27	一般的な場合における移転工法の検討にあたっても、現状の使用状況を移転後において確保できるか否かによって決定されている現状である。意見では、駐車場の必要性、移転後において機能の確保を行わなかった場合の影響等を検討したうえで移転工法を検討すべきとの趣旨であるが、前文で述べているとおり「現状では自動車は必要なもの」を前提として補償の処理を行うことは妥当と思料される。
126	業－1－2	条件① 「構内において……………	「構内において、駐車場の利用状	住－2の事例を不動産営業として	8	意見の趣旨に従って「判断基

第4章　店舗又は住宅における駐車場の補償についての調査研究委員会報告書（抜粋）

No.	区分	意見対象	意見	理由	件数	対応
		……確保できるか」について	況、駐車率等を分析・検討し、現状と同程度の機能が確保できるか」に改める。	とらえれば、店舗営業とは営業上は同一である。しかし、機能確保の前提条件としては内容に差があるので、均衡を図る必要がある。		準」を改める。
127	業－1	条件等② 車庫（駐車スペース）の使用形態等…の判断基準における「(2)業務用のものであっても夜間の駐車場」	表現について再検討を要する。	「業務用のものであっても夜間の駐車場」とは、どのような場合を想定しているのかが不明確である。	13	意見の趣旨に従って改める。
128	業－1－2	条件等②と③　車庫使用形態からして、分離が可能か。	②から③に至るまでのフローの中に「借り上げによる確保ができるか」の判断も入れるべきではないか？	現状のフローでは、隣接に車庫とすることができる土地が確保（買収）できないとすぐに車庫の立体化の検討になってしまうが借り上げによる場合も検討されるべきである。	3	業務用の車庫（駐車スペース）においては、一般住家用と異なり、多台数の分割等を行うことが想定されることから近隣（又は隣接）に借り上げによって機能を確保することを前提とした補償はかならずしも妥当とは考えられない。
129	業－1	③車庫（駐車スペース）を一部立体化することが可能な業種か。	「……業種及び利用形態か」	業種だけでは判断に無理が生じる。	2	主なる意見の趣旨に従って「判断基準」を改める。なお、№131の削除の意見については、現実に都市部においては立体駐車場等が普及している現状では困難であると思料される。また№133の立体駐車場との経済比較の意見については、一般的には必要としない方針である。
130	業－1	条件等③　車庫（駐車スペース）を一部立体化することが可能な業種か。	車庫（駐車スペース）の利用状況からして一部立体化が可能か。に改める。	立体化が可能かどうかの判断は、業種でなく利用状況により行うべきである。	16	
131	業－1	条件③　車庫（駐車スペース）を一部立体化することが可能な業種か。	条件③を削除	住家の場合と同じく、業務用においても駐車場の機能を確保するために、立体駐車場を想定すべきではな	20	

			い。	
132	業－2	同上	同上	同上	20
133	業－1		○立体駐車場の設置補償と建物（駐車スペースを含めた）の改造等による補償は経済比較を要するものであり、フローの中でもフィードバックが必要と考える。		10
134	業－1	P10条件等③	判断基準において、可能な業種及び業種の規模等を含めて例示すべきである。	（案）の判断基準では起業者間に不均衡が生じる。	34
135	業－1	条件等③ ………することが可能な業種か。 判断基準③ しかしながら、………困難な状況が想定される。	〜〜部分を削除。 削除	………小売業等としてあるが、それ以外は該当しないと判断されやすい。	7
			同一敷地内にない車庫への対応はどのようにすれば良いか。		7
			住－3として、元来借地等している場合のフローが必要ではないか。		7
136		条件③　「車庫………ことが可能な業種か」について	判断基準において、起業者で不均衡が生じないような基準にする必要がある。		8

第4章　店舗又は住宅における駐車場の補償についての調査研究委員会報告書（抜粋）

8.

別紙資料(2)－㋺

補償方法の検討フローチャートの主たる改正事項

　本表は、平成3年度に作成し、中央用対連加盟の起業者等に意見を求めた「補償方法の検討フローチャート（意見聴取用）」から、寄せられた意見及び平成4年度の審議によって改正された主なる項目について、対比表及びその理由を整理したものである。

（事例区分住－1）

条件等	平成3年度(案)(意見聴取用)	平成4年度最終(案)	理　　由
住1～②	隣接に車庫 …………… ……	近隣に車庫 …………… ……	意見聴取用は、土地の権利を取得する場合と、車庫（駐車スペース）を借り上げによって確保する場合を区分して議論をしたが、借り上げの範囲として提示した「概ね500m程度」の距離が長すぎるとの多くの意見を採用する場合には「隣接」と「近隣」を区分した意味合が無くなることから、隣接と近隣を統一し、その判断基準を多くの意見のとおり、概ね200m程度と定めることとした。
判断基準	「隣接………」とは、当該土地に接する土地、及び道路を挟んだ土地又は数画地隔てた土地とする。「……車庫とすることができる土地……」とは、同一所有者が所有する土地であるか、或は第三者が所有する土地にあっては、土地に対する権利の取得が明らか（指定代替地）な場合をいう。	「近隣………」とは、現在の車庫（駐車スペース）の存する場所から、概ね200m程度の範囲を標準とし、具体的には各地域の実情等によって定めるものとする。「……車庫とすることができる土地……」（左に同じとする。）	
住1～③ 判断基準	「自動車の保管場所の確保等に関する法律・同施行令」によって、車庫の範囲が使用の本拠の位置（住所、会社の所在等）から2kmと改正されたが、ここでいう「近隣」とは、通常自動車を使用する場合に車庫としての機能が果たせると判断される距離として、概ね500m（車庫法改正前	「……借り上げ等によって確保できる状況……」とは、借り上げを行う場合に、比較的容易に確保できる状況をいう。したがって、順番待ち等の状況（短期間待つことによって確実に確保できるものを除く。）にあるときは、これに該当しないものとする。	上記の理由から具体的な距離については、住1～②で規定することから意見聴取用で定めていた後段のみを規定することとなった。

	の距離）程度を標準とし、各地域の実情によって定めるものとする。 次に「……借り上げ等によって確保できる状況……」とは、借り上げを行う場合に、比較的容易に確保できる状況をいう。したがって順番待ち等の状況にあるときは、これに該当しないものとする。		
住1〜⑥ 判断基準		「構内（残地）において、建物を移転の対象とすることによって、現状の機能が確保できるか。」がNOの場合に構外再築（工法）補償に移行が可能である。しかし、これらの採用にあたっては、前各条件のすべてが困難である旨の資料等を充分に備えたうえで、慎重に判断する必要がある。	議論の過程において、建物を移転の対象とする場合又は、構内、構外に移転するものについての経済比較の必要性についての意見があったが、基本的には、各々の条件によって機能の確保が可能か否かを判断するものであって、経済比較は必要としないものとしたが、機能の確保の判断について慎重に行う必要から、あえて、住1〜⑥を加えることとした。

第4章　店舗又は住宅における駐車場の補償についての調査研究委員会報告書（抜粋）

（事例区分住－2）

条件等	平成3年度(案)(意見聴取用)	平成4年度最終(案)	理　　由
住2～①	当該地域は生活するために、自動車は不可欠なものであり、車庫（駐車スペース）の有無が建物の賃貸借に影響を与えるか。	当該地域の、アパート等の場合に同一敷地内に車庫（駐車スペース）を確保し、借家の条件として使用させているのが一般的な地域か。	個々の自動車が不可欠であるか否かの判断ではなく、もっと広い意味での地域性を対象として判断することとした。たとえば、都市部にあっては、車庫（駐車スペース）が借家のための条件ではあり得ないが、都市近郊又は郊外地によっては、借家の条件である場合等によって判断することになる。
判断基準	「……不可欠なものであり」とは、電車、バス等の公共交通機関の運行本数が少なく、通勤、買い物、その他の移動に自動車を使用することが一般的となっていることをいう。「……賃貸借に影響……」とは、当該地域に存するアパート等には、概ね、駐車スペースを有していることから、駐車スペースを失うことは、入居率（空室）又は、家賃の低下等の影響が想定されることをいう。	都市近郊、又は郊外地であって、通勤、買い物等に自動車を使用するのが、一般的な地域で、同地域に存する比較的多くのアパート等が同一敷地内に借家人が使用する車庫（駐車スペース）を設置してある地域をいう。	
住2～②	設置することが可能か。	設置することが可能であり、かつ、地域の状況からして妥当か。	
判断基準	現状では平面的な駐車場として使用していたものを、	従来平面的に使用されていた車庫（駐車スペース）を	立体駐車場の設置場所だけの判断ではなく、地域性を

207

用地取得によって支障となる台数分を含めて、構内（残地）において機能を確保する方法として、駐車場を立体化することによって行うものである。この場合の検討としては、使用実態、設置可能場所、設備の種類（機械式、半自走式、自走式）等に併せて、これに要する費用と次に規定する建物を移転の対象とする方法との費用の関係について行う必要がある。	用地取得に伴って、構内（残地）に現状の駐車台数分を確保する方法として、車庫（駐車スペース）を立体化するものである。 「地域の状況からして妥当か。」とは、当該地域において、すでに一部立体化された駐車場が設置されている地域をいう。この場合に使用実態、設置場所、設備の種類（機械式、半自走式、自走式）等の検討に併せて、これに要する費用と次に規定する建物を移転の対象とする方法との費用の関係について検討を行うものとする。	考慮することとした。

第4章　店舗又は住宅における駐車場の補償についての調査研究委員会報告書（抜粋）

（事例区分業－1）

条件等		平成3年度(案)(意見聴取用)	平成4年度最終(案)	理　　由
業1～③		…………… ……一部立体化すること が可能な 業種	……… ……一部立体化すること が可能な使用 実態か。	
	判断基準	駐車場の立体化が可能か否かの判断は、単に業種のみによって行うことは困難である。同一の業種であっても当該地域の特性又は営業の方法等によって異なったものとなる。しかしながら、一般的には自家用自動車の稼動が多い運送業、建設業、小売業等にあっては困難な状況が想定される。	立体化が可能か否かの判断は、当該車庫(駐車スペース)を使用している業種、使用状況、使用頻度並びに当該地域における状況等を考慮して総合的に判断するものとする。	原則として業種によって可能か否かの判断を使用状況、頻度、地域性等を判断の基準としたものである。

（事例区分業－2）

条件等	平成3年度(案)(意見聴取用)	平成4年度最終(案)	理　　由
条　件		NO 近隣 に車庫（駐 車スペース）を 借り上げによって 確保でき るか。 NO　　〔住1～③〕 YES	業－2にあっても、基本的には、住－1と同様な形態であり、その機能確保にあたっても、同様であるべきとの考え方から〔住1～③〕の条件を加えることとした。

第5章
関係法令等

Chapter 5

○国土交通省損失補償取扱要領〔抄〕

〔平成15年 8 月 5 日〕
〔国総国調第58号〕

最近改正 令和 2 年 3 月18日 国土用第86号

別記 5

自動車保管場所補償実施要領

（適用範囲）

第 1 条 本要領は、次に掲げる要件に該当する自動車の保管場所について適用する。

一 平家建又は二階建の建物の存する一団の土地内の自動車の保管場所の一部又は全部が取得又は使用（以下「取得等」という。）されることにより使用できなくなる当該自動車の保管場所

二 現に自動車の保管場所の用に供されており、引続き同一目的に供されると見込まれる自動車の保管場所

なお、自動車の保管場所と共に建物が取得等される土地に存する場合には、自動車の保管場所の機能回復を含めて当該支障建物の移転工法を検討することから、本要領は適用しない。ただし、この場合には、本要領のうち参考となる事項について、これに準じて取扱うものとする。

（定義）

第 2 条 「自動車の保管場所」とは、自動車の保管場所の確保等に関する法律（昭和37年 6 月 1 日法律第145号）第 2 条第 3 号に規定する保管場所（車庫、空地その他自動車を通常保管するための場所）及び業務用建物敷地内における当該業務と密接不可分な車両の駐車のための場所（以下「保管場所」という。）をいう。

2 「一団の土地」とは、居住用建物又は業務用建物及び保管場所が機能的に一体利用されている画地をいう。

なお、この場合において、土地に関する権利の形態については、自己の所有権と所有権以外の権利（借地権等）が混在していても差支えないものとする。

（補償方法）

第5章　関係法令等

第3条　一団の土地内に存する自動車の保管場所の一部又は全部が取得等される場合においては、原則として、次により補償するものとする。

　なお、この場合において、残地内の建物等の移転、近隣の貸駐車場（保管場所）の借上げ又は残地内での立体駐車場（保管場所）の設置を行わなければ従来利用していた目的に供することが著しく困難となるときは、一団の土地に存する建物の所有者の請求により、補償するものとする。

　また、本要領は標準的な取扱いを示すものであり、これにより難い場合は個々の具体的な実情に即して妥当な補償となるよう適正に運用するものとする。

(1)　保管場所の機能回復の方法

　　保管場所の機能回復の方法は、一団の土地の用途（一般住宅敷地、共同住宅（貸家）敷地又は業務用建物敷地）により、残地の状態、保管場所の機能回復に要する費用の経済性等を検討の上、次表に掲げる回復方法の中から合理的な方法を決定する。

番号	用　　　途	保管場所の機能回復の方法	機能回復の方法の内容
1	一般住宅敷地 共同住宅敷地 業務用建物敷地	残地内の建物を移転することなく保管場所を確保	残地内の主たる建物を移転することなく、物置その他の工作物及び立竹木を再配置することによって、保管場所を含む現状機能を確保
2	一般住宅敷地 共同住宅敷地 業務用建物敷地	近隣に保管場所とすることができる土地を確保	「近隣」とは、現在の保管場所から概ね200メートルの範囲を標準とするが、具体的には各地域の実情等によって決定（以下において同じ。）
3	一般住宅敷地 業務用建物敷地	近隣の貸駐車場（保管場所）を借上げ	比較的容易に借上げが可能な場合とし、順番待ち等の状況（短期間で確実に借上げできる場合を除く。）にあるときは、該当しない。
4	共同住宅敷地 業務用建物敷地	残地内に立体駐車場（保管場所）を設置	地域内の一部に立体化された駐車場（保管場所）が設置されている地域においては、これらの使用実態、設置場所、設備の種類（機械式、半自走式、自走式）等の調査を行い、残地内に設置する設備を検討・決定
5	一般住宅敷地 共同住宅敷地 業務用建物敷地	残地内の建物を構内に移転して、保管場所を確保	残地内の主たる建物の一部又は全部を移転することによって、保管場所を含む現状機能を確保
6	一般住宅敷地 共同住宅敷地 業務用建物敷地	構外に建物を移転して保管場所を確保	前記の五つの方法による保管場所の確保が困難な場合又は他の方法に比べ経済合理性を有する場合には、構外移転によって、保管場所を含む現状機能を確保

(注)　合理的な回復方法は、番号1から順次検討を行った上で決定するものとする。

留意事項

① 共通

  ア　表中、番号2の「保管場所とすることができる土地」とは、一団の土地に存する建物の所有者が所有等する土地又は土地に関する権利の取得等が明らかな他人の土地で、保管場所とすることができる土地をいう。

  イ　保管場所を借上げにより確保することの可否、及び保管場所を一団の土地以外の土地に確保することが行われている地域であるか否かの判定に当たっては、地元不動産業者等からの聞込み等により行うものとする。

  ウ　立体駐車場（保管場所）は必要最小規模のものとし、二段式を妥当とする。この場合における駐車台数の決定に当たっては、単に起業地内の支障となる台数分だけでなく、設置するために新たに支障となる分も含めたものとする。

  エ　残地内の建物を移転して保管場所を確保する方法の検討に当たっては、建物の一階部分を保管場所とするなど、立体的な機能回復方法の検討も行うものとする。

  オ　建物の移転工法を構外再築工法と決定する場合には、他の方法による保管場所の確保が困難である旨の資料等を十分備えた上で、慎重に判断するものとする。

  カ　保管場所の規模等の検討に当たっては、現在の保管場所の利用状況、使用頻度（使用率）等を検討して判断するものとする。

    したがって、保管場所の利用状況、使用頻度（使用率）等によっては、現状の保管場所機能の完全な回復を必要としない場合もあることに留意するものとする。

② 住宅敷地内の保管場所

  ア　住宅敷地内の保管場所で本要領の対象とするのは、生活上自動車が不可欠な地域（通勤、買物等に自動車を使用することが一般的な地域）内の保管場所とする。

③ 共同住宅敷地内の保管場所

  ア　保管場所を備えていることを必ずしも貸家の一般的な条件としてい

第5章　関係法令等

ない地域内の共同住宅（貸家）の保管場所については、残地内の建物の移転又は立体駐車場（保管場所）の設置等による機能回復の必要性までは認められないことに留意するものとする。

　　したがって、このような地域内の共同住宅（貸家）の保管場所が支障となった場合には、残地の簡易な工作物等を移転すること等により、できる限りの保管場所を確保するものとする。

イ　建物の一部を分割して構外に移転する工法を採用するに当たっては、構外再築工法と同様に他の方法による保管場所の確保が困難である旨の資料等を十分備えた上で、慎重に判断するものとする。

④　業務用建物敷地内の保管場所

ア　現状と同様移転後も残地に保管場所を確保することを標準とするが、次のような使用実態等にある場合には、建物の存する土地と保管場所とが分離（割）することが可能であると判断することを原則とする。

・従業員が通勤に使用している保管場所

・主として夜間に多く使用されている業務用トラック等の保管場所

・その他、分離（割）が可能と認められるとき。

イ　立体駐車場（保管場所）の設置の検討に当たっては、業種、保管場所の使用状況、使用頻度等から総合的に検討するものとする。

(2)　補償額の算定式

　自動車の保管場所の確保に要する費用の補償額は、次の各号に掲げる場合の区分に応じ、当該各号に掲げる式により算定した額とする。

　なお、建物等の移転に伴い営業休止、家賃減収等が生ずる場合には、その損失額を補償するものとする。

一　残地内の建物を移転することなく保管場所を確保する場合

　　補償額＝保管場所の移転料＋物置その他の工作物移転料＋立竹木移転料＋（動産移転料）＋（移転雑費）

　　注1　移転先又は従前の保管場所の残存部分に整地を行うことが必要であると認められる場合には、これに要する費用は保管場所の移転料に含む（以下において同じ。）。

二　近隣に保管場所とすることができる土地を確保する場合

215

　　　　補償額＝保管場所の移転料＋移転雑費（移転先選定に要する費用、
　　　　　　　　契約に要する費用、就業できないことによる損失額等）
　三　近隣の貸駐車場（保管場所）を借上げる場合
　　　　補償額＝貸駐車場（保管場所）の利用料相当額＋現在の保管場所の
　　　　　　　　現在価額＋現在の保管場所の取りこわし工事費－発生材価
　　　　　　　　額
　　　貸駐車場（保管場所）＝当該地域における標準的利用料金（1か月）
　　　×0.9×月数の利用料相当額
　　　注1　0.9は、現在の保管場所に対する管理費、土地に係る公租公
　　　　　　課等相当分を考慮し、補正したものである。
　　　　2　月数は、24か月以内で適正に定めるものとする。
　四　残地内に立体駐車場（保管場所）を設置する場合
　　　　補償額＝立体駐車場（保管場所）設置費用相当額＋立体駐車場（保
　　　　　　　　管場所）の維持管理費相当額＋（移転雑費）＋現在の保管
　　　　　　　　場所の取りこわし工事費－発生材価額
　　　注1　立体駐車場（保管場所）の維持管理費相当額は、設置する設
　　　　　　備が機械式であって、通常の維持管理費が必要と認められる場
　　　　　　合に、補償できるものとし、次式により算定する。

$$維持管理費相当額 = A \times \frac{(1+r)^n - 1}{r(1+r)^n}$$

　　　　　・Aは、新設した設備に係る年均等化経常費から既存の設備に
　　　　　係る年均等化経常費を控除した額とする。
　　　　　・rは、年利率とし、国土交通省損失補償取扱要領第21条(1)に
　　　　　定める率とする。
　　　　　・nは、新設した設備の維持管理費の費用負担の対象となる年
　　　　　数とし、当該補償設備の耐用年数に相応する一代限りの期間と
　　　　　する。
　　　　2　立体駐車場（保管場所）の設置に伴い工作物及び立竹木の移
　　　　　転の必要を生ずる場合には、これらを移転するのに要する費用

第5章　関係法令等

　　　を補償するものとする。

五　残地内の建物を構内に移転して保管場所を確保する場合

　　補償額＝建物移転料（曳家、改造、除却又は再築工法）＋保管場所
　　　　　　の移転料＋その他の工作物移転料＋立竹木移転料＋動産移
　　　　　　転料＋移転雑費

六　構外に建物を移転して保管場所を確保する場合

　　補償額＝建物移転料（再築工法）＋保管場所の移転料＋その他の工
　　　　　　作物移転料＋立竹木移転料＋動産移転料＋移転雑費

○国土交通省事務連絡（H25.3.29）一部抜粋

事　務　連　絡
平成25年3月29日

各地方整備局用地部用地補償課長
北海道開発局開発監理部用地課長補佐
沖縄総合事務局開発建設部用地課長　殿

土地・建設産業局
地価調査課公共用地室　課長補佐

国土交通省損失補償取扱要領　別記5「自動車保管場所補償実施要領」の取扱いについて

標記について、別紙のとおり、運用上の留意点をまとめたので通知する。

別紙
1　一般住宅敷地内に存する保管場所について
　　残地内に立体駐車場を設置して保管場所の機能回復を行うのは、現状で2以上の保管場所を保有している場合である。
　　一般住宅敷地内において2以上の保管場所を保有している場合もあるが、一般住宅で立体駐車場を設置した事例はほとんどなく、一般住宅敷地内に立体駐車場を設置することは一般的ではないと考えられる。
　　本要領は、標準的な自動車の保管場所に対する標準的な取扱いを示したものなので、残地内に立体駐車場を設置して保管場所の機能回復を行う方法から一般住宅敷地を除外したものである。
　　なお、地域の実情等により、残地内に立体駐車場を設置する方法を検討する場合は、本要領第3条(1)の表中番号四を準用し、適正に運用するものとする。
2　戸建の貸家敷地内に存する保管場所について
　　戸建の貸家敷地内に存する保管場所の機能回復は、共同住宅（貸家）敷地内に存する保管場所の機能回復の方法に準じて取り扱うこととする。この場合において、残地内に立体駐車場を設置して保管場所の機能回復を図る方法は、地域の実情等に応じて、適正に運用するものとする。
3　分譲マンション敷地内に存する保管場所について
　　分譲マンション敷地内に存する保管場所については、本要領が平家建又は二階建の建物の存する一団の土地内の自動車の保管場所を対象とし、一般的には保管場所の確保のために再築工法による建物の移転は考えられないことから、本要領の対象とはしていない。
　　なお、分譲マンション敷地内に存する保管場所の一部又は全部が支障となった場合には、本要領のうち参考となる事項については、これに準じて、個別に機能回復の必要性、回復方法等について検討し、適正に運用するものとする。
4　月極駐車場等の貸駐車場について
　　月極駐車場等の貸駐車場は本要領の対象外であり、経営者及び利用者のいずれも本要領に基づいた補償をすることは出来ない。
　　貸駐車場の経営者は、支障となった土地の土地代金で代替の土地を購入して貸駐車場とするか、あるいは土地代金を別途資金運用により収益を得ることが可能であり、また、利用者は別の貸駐車場を借り換えることが可能であるとの考えによる。

第5章　関係法令等

○駐車場法〔抄〕

〔昭和32年5月16日〕
〔法律第106号〕

最終改正　平成29年5月12日　法律第26号

（建築物の新築又は増築の場合の駐車施設の附置）

第20条　地方公共団体は、駐車場整備地区内又は商業地域内若しくは近隣商業地域内において、延べ面積が2,000平方メートル以上で条例で定める規模以上の建築物を新築し、延べ面積が当該規模以上の建築物について増築をし、又は建築物の延べ面積が当該規模以上となる増築をしようとする者に対し、条例で、その建築物又はその建築物の敷地内に自動車の駐車のための施設（以下「駐車施設」という。）を設けなければならない旨を定めることができる。劇場、百貨店、事務所その他の自動車の駐車需要を生じさせる程度の大きい用途で政令で定めるもの（以下「特定用途」という。）に供する部分のある建築物で特定用途に供する部分（以下「特定部分」という。）の延べ面積が当該駐車場整備地区内又は商業地域内若しくは近隣商業地域内の道路及び自動車交通の状況を勘案して条例で定める規模以上のものを新築し、特定部分の延べ面積が当該規模以上の建築物について特定用途に係る増築をし、又は建築物の特定部分の延べ面積が当該規模以上となる増築をしようとする者に対しては、当該新築又は増築後の当該建築物の延べ面積が2,000平方メートル未満である場合においても、同様とする。

2　地方公共団体は、駐車場整備地区若しくは商業地域若しくは近隣商業地域の周辺の都市計画区域内の地域（以下「周辺地域」という。）内で条例で定める地区内、又は周辺地域、駐車場整備地区並びに商業地域及び近隣商業地域以外の都市計画区域内の地域であって自動車交通の状況が周辺地域に準ずる地域内若しくは自動車交通がふくそうすることが予想される地域内で条例で定める地区内において、特定部分の延べ面積が2,000平方メートル以上で条例で定める規模以上の建築物を新築し、特定部分の延べ面積が当該規模以上の建築物について特定用途に係る増築をし、又は建築物の特定部分の延べ面積が当該規模以上となる増築をしようとする者に対し、条例で、その建築物又はその建築物の敷地内に駐車施設を設けなけれ

219

ばならない旨を定めることができる。

3　前2項の延べ面積の算定については、同一敷地内の2以上の建築物で用途上不可分であるものは、これを1の建築物とみなす。

（建築物の用途変更の場合の駐車施設の附置）

第20条の2　地方公共団体は、前条第1項の地区若しくは地域内又は同条第2項の地区内において、建築物の部分の用途の変更（以下「用途変更」という。）で、当該用途変更により特定部分の延べ面積が一定規模（同条第1項の地区又は地域内のものにあっては特定用途について同項に規定する条例で定める規模、同条第2項の地区内のものにあっては同項に規定する条例で定める規模をいう。以下同じ。）以上となるもののために大規模の修繕又は大規模の模様替（建築基準法第2条〔用語の定義〕第14号又は第15号に規定するものをいう。以下同じ。）をしようとする者又は特定部分の延べ面積が一定規模以上の建築物の用途変更で、当該用途変更により特定部分の延べ面積が増加することとなるもののために大規模の修繕又は大規模の模様替をしようとする者に対し、条例で、その建築物又はその建築物の敷地内に駐車施設を設けなければならない旨を定めることができる。

2　前条第3項の規定は、前項の延べ面積の算定について準用する。

（駐車施設の管理）

第20条の3　地方公共団体は、第20条〔建築物の新築又は増築の場合の駐車施設の附置〕第1項若しくは第2項又は前条第1項の規定に基づく条例で定めるところにより設けられた駐車施設の所有者又は管理者に対し、条例で当該駐車施設をその設置の目的に適合するように管理しなければならない旨を定めることができる。

第5章　関係法令等

○東京都駐車場条例〔抄〕

〔昭和33年10月1日〕
〔条　例　第　77　号〕

最終改正　令和元年6月19日　条例第8号

第1章　総　　則

（通則）

第1条　東京都が設置する駐車場法（昭和32年法律第106号。以下「法」という。）第2条第2号に規定する路外駐車場（道路法（昭和27年法律第180号）第24条の2第1項の規定により駐車料金を徴収する自動車駐車場（以下「道路附属物駐車場」という。）を除く。以下「路外駐車場」という。）及び道路附属物駐車場の設置、管理及び駐車料金並びに法に基づく駐車場整備地区に接続する周辺の区域の指定及び大規模の建築物に附置する駐車施設の規模その他必要な事項については、この条例の定めるところによる。

第4章　建築物における駐車施設の附置及び管理

（適用区域）

第15条　この章の規定は、特別区及び市の区域内に限り、適用する。

（地区の指定）

第16条　法第20条第2項の規定により駐車場整備地区又は商業地域若しくは近隣商業地域の周辺の都市計画内の地域（以下「周辺地域」という。）内で条例で定める地区（以下「周辺地区」という。）は、次の各号に掲げる区分に従い、当該各号に定める区域とする。

一　特別区の区域　駐車場整備地区、商業地域及び近隣商業地域（以下「駐車場整備地区等」という。）以外の都市計画区域

二　市の区域　第一種住居地域、第二種住居地域、準住居地域及び準工業地域（駐車場整備地区を除く。）

221

2　法第20条第2項の規定により周辺地域及び駐車場整備地区等以外の都市計画区域内の地域であつて自動車交通の状況が周辺地域に準ずる地域内又は自動車交通がふくそうすることが予想される地域内で条例で定める地区（以下「自動車ふくそう地区」という。）は、市の区域内における第一種中高層住居専用地域、第二種中高層住居専用地域、工業地域又は工業専用地域（駐車場整備地区を除く。）とする。

　（建築物を新築する場合の駐車施設の附置）

第17条　別表第3の(い)欄に掲げる区域内において、当該区域に対応する同表の(ろ)欄に掲げる床面積が同表の(は)欄に掲げる面積を超える建築物を新築しようとする者は、同表の(に)欄に掲げる建築物の部分の床面積をそれぞれ同表の(ほ)欄に掲げる面積で除して得た数値を合計して得た数値（延べ面積（自動車及び自転車の駐車の用に供する部分の床面積を除く。以下同じ。）が6,000平方メートルに満たない場合においては、当該合計して得た数値に同表の(へ)欄に掲げる算式により算出して得た数値を乗じて得た数値（当該数値に小数点以下の端数があるときは、その端数を切り上げるものとする。）とし、当該数値が1の場合は、2とする。）以上の台数の規模を有する駐車施設を当該建築物又は当該建築物の敷地内に附置しなければならない。ただし、次のいずれかに該当する場合は、この限りでない。

　一　駐車場整備地区のうち駐車場整備計画が定められている区域において、知事が地区特性に応じた基準に基づき、必要な駐車施設の附置の確保が図られていると認める場合

　二　前号に定めるもののほか、知事が特に必要がないと認める場合

2　特別区の区域における事務所の用途に供する部分の床面積の合計が6,000平方メートルを超える建築物にあつては、別表第4の上［左］欄に掲げる事務所の用途に供する部分の床面積に同表の下［右］欄に掲げる率をそれぞれ乗じて得た面積の合計を当該事務所の用途に供する部分の床面積とみなして、前項の規定を適用する。

3　市の区域における事務所の用途に供する部分の床面積の合計が1万平方メートルを超える建築物にあつては、別表第5の上［左］欄に掲げる事務所の用途に供する部分の床面積に同表の下［右］欄に掲げる率をそれぞれ乗じて得た面積の合計を当該事務所の用途に供する部分の床面積とみなし

222

第5章　関係法令等

て、第1項の規定を適用する。

（建築物を新築する場合の荷さばきのための駐車施設の附置）

第17条の2　別表第6の(い)欄に掲げる区域内において、当該区域に対応する同表の(ろ)欄に掲げる床面積が同表の(は)欄に掲げる面積を超える建築物を新築しようとする者は、同表の(に)欄に掲げる建築物の部分の床面積をそれぞれ同表の(ほ)欄に掲げる面積で除して得た数値を合計して得た数値（合計して得た数値が10を超える場合は10とすることができ、延べ面積が6,000平方メートルに満たない場合は、当該合計して得た数値に同表の(へ)欄に掲げる算式により算出して得た数値を乗じて得た数値（当該数値に小数点以下の端数があるときは、その端数を切り上げるものとする。）とする。）以上の台数の規模を有する荷さばきのための駐車施設を当該建築物又は当該建築物の敷地内に附置しなければならない。ただし、次のいずれかに該当する場合は、この限りでない。

一　駐車場整備地区のうち駐車場整備計画が定められている区域において、知事が地区特性に応じた基準に基づき、必要な荷さばきのための駐車施設の附置の確保が図られていると認める場合

二　知事が敷地の形状等により荷さばきのための駐車施設を設置することが著しく困難であると認める場合

三　前二号に定めるもののほか、知事が特に必要がないと認める場合

2　前条第2項及び第3項の規定は、前項について準用する。

3　前2項の規定により附置する荷さばきのための駐車施設の台数は、前条の規定により附置しなければならない駐車施設の台数に含めることができる。

（建築物を増築し、又は用途を変更する場合の駐車施設の附置）

第17条の3　建築物を増築しようとする者又は建築物の用途の変更（当該用途の変更によつて第17条の規定を準用して算出した場合に附置しなければならない駐車施設の台数が増加し、及び法第20条の2第1項に規定する大規模の修繕又は大規模の模様替となるものをいう。以下この条において同じ。）をしようとする者は、増築又は用途の変更後の建築物について、第17条の規定を準用して算出した駐車施設の台数から、増築又は用途の変更前の建築物について、同条の規定を準用して算出した駐車施設の台数又

は既に設置されていた第17条の5第1項の規模を有する駐車施設の台数の
いずれか多い台数を減じて得た台数の規模を有する駐車施設を、当該建築
物又は当該建築物の敷地内に附置しなければならない。ただし、次のいず
れかに該当する場合は、この限りでない。

一　駐車場整備地区のうち駐車場整備計画が定められている区域におい
　　て、知事が地区特性に応じた基準に基づき、必要な駐車施設の附置の確
　　保が図られていると認める場合

二　前号に定めるもののほか、知事が特に必要がないと認める場合

　（建築物を増築し、又は用途を変更する場合の荷さばきのための駐車施設
　の附置）

第17条の4　建築物を増築しようとする者又は建築物の用途の変更（当該用
　途の変更によって第17条の2の規定を準用して算出した場合に附置しなけ
　ればならない荷さばきのための駐車施設の台数が増加し、及び法第20条の
　2第1項に規定する大規模の修繕又は大規模の模様替えとなるものをい
　う。以下この条において同じ。）をしようとする者は、増築又は用途の変
　更後の建築物について、第17条の2の規定を準用して算出した荷さばきの
　ための駐車施設の台数から、増築又は用途の変更前の建築物について、同
　条の規定を準用して算出した荷さばきのための駐車施設の台数又は既に設
　置されていた次条第4項の規模を有する荷さばきのための駐車施設の台数
　のいずれか多い台数を減じて得た台数の規模を有する荷さばきのための駐
　車施設を、当該建築物又は当該建築物の敷地内に附置しなければならな
　い。ただし、次のいずれかに該当する場合は、この限りでない。

一　駐車場整備地区のうち駐車場整備計画が定められている区域におい
　　て、知事が地区特性に応じた基準に基づき、必要な荷さばきのための駐
　　車施設の附置の確保が図られていると認める場合

二　知事が当該建築物の構造及び敷地の状態から、やむを得ないと認める
　　場合

三　前二号に定めるもののほか、知事が特に必要がないと認める場合

2　前項の規定により附置する荷さばきのための駐車施設の台数は、前条の
　規定により附置しなければならない駐車施設の台数に含めることができ
　る。

第5章 関係法令等

（駐車施設及び荷さばきのための駐車施設の規模）

第17条の5 第17条又は第17条の3の規定により附置しなければならない駐
車施設のうち自動車の格納又は駐車の用に供する部分の1台当たりの規模
は、幅2.3メートル以上、奥行き5メートル以上とし、自動車を安全に駐
車させ、出入りさせることができるものとしなければならない。

2 建築物又は建築物の敷地内に附置する駐車施設のうち、当該駐車施設の
台数の10分の3以上の部分の1台当たりの規模は、幅2.5メートル以上、
奥行き6メートル以上のものとし、そのうち1台以上は、障害者のための
駐車施設として幅3.5メートル以上、奥行き6メートル以上とし、自動車
を安全に駐車させ、出入りさせることができるものとしなければならな
い。

3 前2項の規定にかかわらず、特殊の装置を用いる駐車施設で知事が有効
に駐車できると認めたものについては、前2項の規定によらないことがで
きる。

4 第17条の2又は前条の規定により附置しなければならない荷さばきのた
めの駐車施設のうち自動車の格納又は駐車の用に供する部分の1台当たり
の規模は、幅3メートル以上、奥行き7.7メートル以上、はり下の高さ3
メートル以上とし、自動車を安全に駐車させ、出入りさせることができる
ものとしなければならない。ただし、当該建築物の構造及び敷地の状態か
らやむを得ない場合は、1台当たりの規模を、幅4メートル以上、奥行き
6メートル以上、はり下の高さ3メートル以上とすることができる。

（都市再生駐車施設配置計画の区域内における駐車施設の附置）

第17条の6 都市再生特別措置法（平成14年法律第22号）第19条の13第1項
の規定により作成された都市再生駐車施設配置計画の区域（以下「都市再
生駐車施設配置計画区域」という。）内において、第17条若しくは第17条
の2の規定の適用を受ける建築物を新築しようとする者又は第17条の3若
しくは第17条の4の規定の適用を受ける建築物を増築し、若しくは用途の
変更をしようとする者は、第17条から第17条の4までの規定にかかわら
ず、当該都市再生駐車施設配置計画に記載された同法第19条の13第2項第
2号に掲げる事項の内容に即して駐車施設を附置しなければならない。

（特殊の装置）

225

第17条の7　第17条、第17条の３、前条又は第18条の規定により附置しなければならない駐車施設において特殊の装置を用いる場合には、当該特殊の装置を駐車場法施行令（昭和32年政令第340号）第15条に規定する特殊の装置として国土交通大臣が認定したものと同等の安全性を有するものとしなければならない。

（駐車機能集約区域及び集約駐車施設に関する特例）

第17条の8　特別区又は市が、都市の低炭素化の促進に関する法律（平成24年法律第84号）第７条第１項の規定により作成した低炭素まちづくり計画において、同条第３項第１号に規定する駐車機能集約区域（以下「駐車機能集約区域」という。）及び集約駐車施設に関する事項を記載し、かつ、当該駐車機能集約区域内において建築物を新築し、増築し、又は用途の変更をしようとする者が附置すべき駐車施設又は荷さばきのための駐車施設に関する条例を当該特別区又は市が定めた場合であつて、当該駐車機能集約区域が駐車場整備地区等、周辺地区及び自動車ふくそう地区内に存するときは、当該駐車機能集約区域内においては、第17条から第17条の５までの規定は適用しない。

（建築物の敷地が２以上の区域内にわたる場合）

第17条の9　建築物の敷地が駐車場整備地区等の区域内、周辺地区若しくは自動車ふくそう地区（次項及び次条において「周辺地区等」という。）の区域内又はこれら以外の地域の区域内のいずれか２以上の区域内にわたる場合は、これらの区域のうち当該敷地の過半が属する区域内に当該建築物があるものとみなして、第17条から第17条の４までの規定を適用する。

２　前項に規定する場合において、駐車場整備地区等の区域内の敷地面積及び周辺地区等の区域内の敷地面積の合計が当該建築物の敷地の面積の過半のときは、前項の規定にかかわらず、駐車場整備地区等の区域内の面積又は周辺地区等の区域内の面積のいずれか大きい区域内に当該建築物があるものとみなして、第17条から第17条の４までの規定を適用する。

３　建築物の敷地が都市再生駐車施設配置計画区域の内外にわたる場合においては、当該敷地の過半が当該都市再生駐車施設配置計画区域内にあるときに限り、当該都市再生駐車施設配置計画区域内に当該建築物があるものとみなして第17条の６の規定を適用する。

第5章　関係法令等

4　建築物の敷地が駐車機能集約区域の内外にわたる場合においては、当該敷地の過半が当該駐車機能集約区域内にあるときに限り、当該駐車機能集約区域内に当該建築物があるものとみなして前条の規定を適用する。

（適用の除外）

第17条の10　建築基準法（昭和25年法律第201号）第85条に規定する仮設建築物を新築し、増築し、又は用途変更しようとする者に対しては、第17条から第17条の4まで又は第17条の6の規定は、適用しない。

2　駐車場整備地区等以外の区域から、新たに駐車場整備地区等又は周辺地区等に指定された区域内において、当該駐車場整備地区等又は周辺地区等に指定された日から起算して6月以内に工事に着手した者に対しては、第17条から第17条の4までの規定にかかわらず、当該駐車場整備地区等又は周辺地区等指定前の例による。

（附置の特例）

第18条　第17条の規定の適用を受ける建築物を新築しようとする者又は第17条の3の規定の適用を受ける建築物を増築し、若しくは用途の変更をしようとする者が、当該建築物の敷地からおおむね300メートル以内の場所にそれぞれ第17条及び第17条の5に規定する規模又は第17条の3及び第17条の5に規定する規模を有する駐車施設を設けた場合で、知事が当該建築物の構造又は当該建築物の敷地の位置により特にやむを得ないと認めたときは、当該駐車施設の附置を当該建築物又は当該建築物の敷地内における駐車施設の附置とみなす。

2　第17条の規定の適用を受ける建築物を新築しようとする者又は第17条の3の規定の適用を受ける建築物を増築し、若しくは用途の変更をしようとする者で、当該建築物の敷地に接して法第10条第1項の規定により都市計画において定められた路外駐車場を既に建設し、又は建設しようとするものは、当該建築物の構造又は当該建築物の敷地の位置により知事が特にやむを得ないと認めた場合においては、第17条及び第17条の3の規定にかかわらず、第17条又は第17条の3の規定により算定した台数につき、知事が相当と認める台数を減じて駐車施設を附置することができる。

3　建築基準法第86条第1項から第4項まで又は第86条の2第1項から第3項までの規定による認定又は許可を受けた複数の建築物についてはこれら

227

を同一敷地内にあるものとみなし、延べ面積の算定についてはこれらを一の建築物とみなして、第17条から第17条の4まで又は第17条の6の規定を適用する。

（届出）

第18条の2　前条第1項及び第2項の規定により駐車施設を設置しようとする者又は第17条の6の規定の適用を受ける建築物の敷地外に駐車施設を設置しようとする者は、東京都規則で定めるところに従い、駐車施設の位置、規模等を知事に届け出なければならない。届出事項を変更しようとする場合もまた同様とする。

（既存建築物における駐車施設等）

第19条　第17条から第17条の4まで、第17条の6又は第18条の規定により設けられた駐車施設及び荷さばきのための駐車施設の所有者又は管理者は、当該施設をその目的に適合するように維持管理しなければならない。

2　特殊の装置を用いる第17条、第17条の3、第17条の6又は第18条の規定により設けられた駐車施設の所有者又は管理者は、当該特殊の装置の保守点検を定期的に行わなければならない。

第19条の2　第17条から第17条の4まで、第17条の6又は第18条の規定により設けられた駐車施設及び荷さばきのための駐車施設（本項の規定の適用を受けた駐車施設及び荷さばきのための駐車施設を含む。）の所有者又は管理者は、次の各号のいずれかに該当する場合は、当該施設の台数をこの条例において必要とされる台数（以下この項において「必要台数」という。）まで減じ、又は必要台数を確保した上で、当該施設の全部若しくは一部の位置を変更することができる。

一　駐車場整備地区のうち駐車場整備計画が定められている区域又は都市再生駐車施設配置計画区域において、知事が地区特性に応じた基準に基づき、必要な駐車施設及び荷さばきのための駐車施設の附置の確保が図られ、当該施設の台数を必要台数まで減じ、又は当該施設の全部若しくは一部の位置を変更することに支障がないと認める場合

二　前号に定めるもののほか、知事が当該施設の台数を必要台数まで減じ、又は当該施設の全部若しくは一部の位置を変更することに支障がないと認める場合

第5章　関係法令等

2　前項の規定の適用を受けた駐車施設及び荷さばきのための駐車施設については、前条の規定を準用する。

（措置命令）

第20条　知事は、駐車施設又は荷さばきのための駐車施設の附置義務者が第17条から第17条の4まで及び第17条の6の規定に、駐車施設又は荷さばきのための駐車施設の所有者又は管理者が前2条の規定にそれぞれ違反したときは、当該違反者に対して、期間を定めて、駐車施設又は荷さばきのための駐車施設の附置又は設置、原状回復、使用制限、使用禁止その他当該違反を是正するために必要な措置を命ずることができる。

2　知事は、前項の規定により措置を命じようとするときは、駐車施設の附置義務者、設置者、所有者又は管理者に対して、あらかじめ、その命じようとする措置及び理由を記載した措置命令書を交付するものとする。

3　前項の規定による措置命令書の様式は、東京都規則で定める。

（立入検査等）

第21条　知事は、駐車施設又は荷さばきのための駐車施設の適正な規模を確保するため必要があると認めるときは、建築物若しくは駐車施設若しくは荷さばきのための駐車施設の所有者若しくは管理者に対し、必要な報告をさせ、若しくは資料の提出を求め、又は当該職員に建築物若しくは駐車施設若しくは荷さばきのための駐車施設に立ち入らせてその規模等に関して検査をさせ、若しくは関係人に質問させることができる。

2　前項の規定により立入検査を行う場合は、当該職員はその身分を示す証票を携帯し、かつ、関係人の請求があったときは、これを提示しなければならない。

3　前項の規定による証票の様式は、東京都規則で定める。

4　第1項の立入検査及び質問の権限は、犯罪捜査のために認められたものと解釈してはならない。

229

　　　　第5章　罰　則

（罰則）

第22条　第20条第1項の規定による知事の命令に違反した者は、50万円以下の罰金に処する。

2　第21条第1項の規定による報告をせず、若しくは虚偽の報告をし、又は同項の規定による当該職員の立入検査を拒み、妨げ、若しくは忌避し、若しくは質問に対し答弁をせず、若しくは虚偽の答弁をした者は、20万円以下の罰金に処する。

3　第18条の2の規定に違反して、届出をせず、又は虚偽の届出をした者は、10万円以下の罰金に処する。

第23条　法人の代表者又は法人若しくは人の代理人、使用人その他の従業者がその法人又は人の業務に関して、前条の違反行為をした場合においては、その行為者を罰するほか、その法人又は人に対して前条の刑を科する。

第24条　この条例の施行について必要な事項は、東京都規則で定める。

別表第3（第17条関係）

(い)	(ろ)	(は)	(に)	(ほ)	(へ)
駐車場整備地区等	特定用途（劇場、映画館、演芸場、観覧場、放送用スタジオ、公会堂、集会場、展示場、結婚式場、斎場、旅館、ホテル、料理店、飲食店、キャバレー、カフェー、ナイトクラブ、バー、ダンスホール、遊技場、ボーリング場、体育館、百貨店その他の店舗、事務所、病院、卸売市場、倉庫若しくは工場又はこれらの2以上のものをいう。以下同じ。）に供する部分の床面積と非特定用途（特定用途以外の用途をいう。以下同じ。）に供する部分	1,500㎡	百貨店その他の店舗（連続式店舗（東京都建築安全条例（昭和25年東京都条例第89号）第25条に規定する連続式店舗で、床面積が500㎡以下のものを含む。以下同じ。）の用途に供する部分	特別区の区域250㎡ 市の区域200㎡	式1[下参照]
			特定用途（百貨店その他の店舗を除く。）に供する部分	特別区の区域300㎡ 市の区域250㎡	
			非特定用途に供する部分	特別区の区域300㎡	

| 周辺地区又は自動車ふくそう地区 | 特定用途に供する部分の床面積 | 2,000㎡ | 特定用途に供する部分 | 特別区の区域300㎡市の区域250㎡ | 式2 [下参照] |

の床面積に4分の3を乗じて得たものとの合計面積（共同住宅にあつては350㎡）市の区域300㎡

（式1）　$1 - \dfrac{1,500㎡ \times （6,000㎡ - 延べ面積）}{6,000㎡ \times （ろ）欄に掲げる面積 - 1,500㎡ \times 延べ面積}$

（式2）　$1 - \dfrac{6,000㎡ - 延べ面積}{2 \times 延べ面積}$

備考　この表において、（ろ）欄に規定する部分及び（に）欄に掲げる部分は、自動車及び自転車の駐車の用に供する部分を除くものとし、観覧場にあつては、屋外観覧席の部分を含むものとする。

別表第4　（第17条関係）

6,000平方メートル以下の部分	1
6,000平方メートルを超え、1万平方メートル以下の部分	0.8
1万平方メートルを超え、10万平方メートル以下の部分	0.5
10万平方メートルを超える部分	0.4

別表第5　（第17条関係）

1万平方メートル以下の部分	1
1万平方メートルを超え、5万平方メートル以下の部分	0.7
5万平方メートルを超え、10万平方メートル以下の部分	0.6
10万平方メートルを超える部分	0.5

別表第6 （第17条の2関係）

(い)	(ろ)	(は)	(に)	(ほ)	(へ)
駐車場整備地区等	特定用途に供する部分の床面積	2,000㎡	百貨店その他の店舗の用途に供する部分	2,500㎡	式3 [下参照]
			事務所の用途に供する部分	5,500㎡	
			倉庫の用途に供する部分	2,000㎡	
			特定用途（百貨店その他の店舗、事務所及び倉庫を除く。）に供する部分	3,500㎡	
周辺地区又は自動車ふくそう地区	特定用途に供する部分の床面積	3,000㎡	特定用途に供する部分	7,000㎡	式4 [下参照]

（式3）　$1 - \dfrac{6,000㎡ - 延べ面積}{2 \times 延べ面積}$

（式4）　$1 - \dfrac{6,000㎡ - 延べ面積}{延べ面積}$

備考　この表において、(ろ)欄に規定する部分及び(に)欄に掲げる部分は、自動車及び自転車の駐車の用に供する部分を除くものとし、観覧場にあつては、屋外観覧席の部分を含むものとする。

第5章　関係法令等

○自動車の保管場所の確保等に関する法律

〔昭和37年6月1日〕
〔法　律　第　145　号〕

最終改正　平成16年5月26日　法律第55号

（目的）

第1条　この法律は、自動車の保有者等に自動車の保管場所を確保し、道路を自動車の保管場所として使用しないよう義務づけるとともに、自動車の駐車に関する規制を強化することにより、道路使用の適正化、道路における危険の防止及び道路交通の円滑化を図ることを目的とする。

（定義）

第2条　この法律において、次の各号に掲げる用語の意義は、それぞれ当該各号に定めるところによる。

一　自動車　道路運送車両法（昭和26年法律第185号）第2条第2項に規定する自動車（二輪の小型自動車、二輪の軽自動車及び二輪の小型特殊自動車を除く。）をいう。

二　保有者　自動車損害賠償保障法（昭和30年法律第97号）第2条第3項に規定する保有者をいう。

三　保管場所　車庫、空地その他自動車を通常保管するための場所をいう。

四　道路　道路法（昭和27年法律第180号）第2条第1項に規定する道路及び一般交通の用に供するその他の場所をいう。

五　駐車　道路交通法（昭和35年法律第105号）第2条第1項第18号に規定する駐車をいう。

（保管場所の確保）

第3条　自動車の保有者は、道路上の場所以外の場所において、当該自動車の保管場所（自動車の使用の本拠の位置との間の距離その他の事項について政令で定める要件を備えるものに限る。第11条第1項を除き、以下同じ。）を確保しなければならない。

（保管場所の確保を証する書面の提出等）

第4条　道路運送車両法第4条に規定する処分、同法第12条に規定する処分（使用の本拠の位置の変更に係るものに限る。以下同じ。）又は同法第13条

233

に規定する処分（使用の本拠の位置の変更を伴う場合に限る。以下同じ。）を受けようとする者は、当該行政庁に対して、警察署長の交付する道路上の場所以外の場所に当該自動車の保管場所を確保していることを証する書面で政令で定めるものを提出しなければならない。ただし、その者が、警察署長に対して、当該書面に相当するものとして政令で定める通知を当該行政庁に対して行うべきことを申請したときは、この限りでない。

2 　当該行政庁は、前項の政令で定める書面の提出又は同項ただし書の政令で定める通知がないときは、同項の処分をしないものとする。

第５条　軽自動車である自動車を新規に運行の用に供しようとするときは、当該自動車の保有者は、当該自動車の保管場所の位置を管轄する警察署長に、当該自動車の使用の本拠の位置、保管場所の位置その他政令で定める事項を届け出なければならない。

（保管場所標章）

第６条　警察署長は、第４条第１項の政令で定める書面を交付したとき、同項ただし書の政令で定める通知を行つたとき、又は前条の規定による届出を受理したときは、当該自動車の保有者に対し、当該自動車の保管場所の位置等について表示する国家公安委員会規則で定める様式の保管場所標章を交付しなければならない。

2 　前項の規定により保管場所標章の交付を受けた者は、国家公安委員会規則で定めるところにより、当該自動車に保管場所標章を表示しなければならない。この場合において、道路運送車両法第12条に規定する処分又は同法第13条に規定する処分についての第４条第１項の政令で定める書面の交付又は同項ただし書の政令で定める通知に係る保管場所標章を表示するときは、既に表示されている保管場所標章を取り除かなければならない。

3 　自動車の保有者は、前項前段の保管場所標章が滅失し、損傷し、又はその識別が困難となつた場合その他国家公安委員会規則で定める場合には、当該自動車の保管場所の位置を管轄する警察署長に、その再交付を求めることができる。

（保管場所の変更届出等）

第７条　自動車の保有者は、第４条第１項の政令で定める書面若しくは同項ただし書の政令で定める通知（以下この項において「書面等」という。）

において証された保管場所の位置を変更したとき（道路運送車両法第12条に規定する処分又は同法第13条に規定する処分を受けようとする場合において、書面等において証された保管場所の位置を変更したときを除く。）又は第5条の規定による届出に係る保管場所の位置を変更したときは、変更した日から15日以内に、変更後の保管場所の位置を管轄する警察署長に、当該自動車の使用の本拠の位置、変更後の保管場所の位置その他政令で定める事項を届け出なければならない。変更後の保管場所の位置を変更したとき（同法第12条に規定する処分又は同法第13条に規定する処分を受けようとする場合において、書面等において証された保管場所の位置を変更したときを除く。）も、同様とする。

2　前条第1項の規定は前項の規定による届出を受理した場合について、同条第2項及び第3項の規定はこの項において準用する同条第1項の規定により交付された保管場所標章について準用する。この場合において、同条第2項中「道路運送車両法第12条に規定する処分又は同法第13条に規定する処分についての第4条第1項の政令で定める書面の交付又は同項ただし書の政令で定める通知に係る」とあるのは、「次条第1項の規定による届出に係る」と読み替えるものとする。

　（通知）

第8条　警察署長は、自動車について、保管場所標章が表示されていないことその他の理由により、道路上の場所以外の場所に保管場所が確保されていないおそれがあるものと認めたときは、当該自動車の使用の本拠の位置を管轄する都道府県公安委員会（以下「公安委員会」という。）に対し、その旨を通知するものとする。

　（自動車の運行供用の制限）

第9条　自動車の使用の本拠の位置を管轄する公安委員会は、道路上の場所以外の場所に自動車の保管場所が確保されていると認められないときは、当該自動車の保有者に対し、当該自動車の保管場所が確保されたことについて公安委員会の確認を受けるまでの間当該自動車を運行の用に供してはならない旨を命ずることができる。

2　公安委員会は、前項の規定による命令をしたときは、当該命令を受けた自動車の保有者に対し、運行の用に供してはならないこととなる自動車の

番号標の番号その他の国家公安委員会規則で定める事項を記載した文書を
交付し、かつ、当該自動車の前面の見やすい箇所に国家公安委員会規則で
定める様式の標章をはり付けるものとする。

3　前項の規定により標章をはり付けられた自動車の保有者が道路上の場所
以外の場所に当該自動車の保管場所を確保したときは、その旨を第1項の
規定による命令をした公安委員会に申告するものとする。

4　公安委員会は、前項の申告を受けたときは、速やかに当該申告に係る保
管場所の位置に当該自動車の保管場所が確保されているかどうかを確認し
なければならない。

5　公安委員会は、当該申告に係る保管場所の位置に当該自動車の保管場所
が確保されていることを確認したときは、当該自動車の保有者に対し、文
書で確認した旨を通知し、かつ、第2項の規定によりはり付けられた標章
を取り除かなければならない。

6　何人も、第2項の規定によりはり付けられた標章を破損し、又は汚損し
てはならず、また、前項の規定による場合を除き、これを取り除いてはな
らない。

（聴聞の特例）

第10条　公安委員会は、前条第1項の規定による命令をしようとするとき
は、行政手続法（平成5年法律第88号）第13条第1項の規定による意見陳
述のための手続の区分にかかわらず、聴聞を行わなければならない。

2　前項の聴聞を行うに当たつては、その期日の一週間前までに、行政手続
法第15条第1項の規定による通知をし、かつ、聴聞の期日及び場所を公示
しなければならない。

3　前項の通知を行政手続法第15条第3項に規定する方法によつて行う場合
においては、同条第1項の規定により聴聞の期日までにおくべき相当な期
間は、2週間を下回つてはならない。

4　第1項の聴聞の期日における審理は、公開により行わなければならな
い。

（保管場所としての道路の使用の禁止等）

第11条　何人も、道路上の場所を自動車の保管場所として使用してはならな
い。

第5章　関係法令等

2　何人も、次の各号に掲げる行為は、してはならない。

　一　自動車が道路上の同一の場所に引き続き12時間以上駐車することとなるような行為

　二　自動車が夜間（日没時から日出時までの時間をいう。）に道路上の同一の場所に引き続き8時間以上駐車することとなるような行為

3　前2項の規定は、政令で定める特別の用務を遂行するため必要がある場合その他政令で定める場合については、適用しない。

　（報告又は資料の提出）

第12条　公安委員会は、この法律の施行に必要な限度において、使用の本拠の位置がその管轄に属する自動車の保有者又は当該自動車の保管場所を管理する者に対し、当該自動車の保管場所に関し報告又は資料の提出を求めることができる。

　（適用除外等）

第13条　道路運送法（昭和26年法律第183号）第2条第2項に規定する自動車運送事業（以下「自動車運送事業」という。）又は貨物利用運送事業法（平成元年法律第82号）第2条第8項に規定する第2種貨物利用運送事業（自動車を使用して貨物の集配を行うものに限る。以下「第2種貨物利用運送事業」という。）の用に供する自動車については、第4条から第7条まで、第9条、第10条及び第12条の規定を適用せず、その保管場所の確保に関しては、この法律に定めるもののほか、道路運送法、貨物自動車運送事業法（平成元年法律第83号）若しくは貨物利用運送事業法又はこれらの法律に基づく命令の定めるところによる。

2　自動車運送事業又は第2種貨物利用運送事業の用に供する自動車（以下「運送事業用自動車」という。）の使用の本拠の位置を管轄する公安委員会は、運送事業用自動車の保有者が道路上の場所以外の場所に当該自動車の保管場所を確保していないおそれがあると認めるときは、当該事業を監督する行政庁に対し、その旨を通知するものとする。

3　運送事業用自動車である自動車が運送事業用自動車でなくなつた場合において引き続き当該自動車を運行の用に供しようとするとき（道路運送車両法第12条に規定する処分又は同法第13条に規定する処分を受けようとするときを除く。）の当該自動車の保有者は、当該自動車が運送事業用自動

237

車でなくなつた日から15日以内に、当該自動車の保管場所の位置を管轄する警察署長に、当該自動車の使用の本拠の位置、保管場所の位置その他政令で定める事項を届け出なければならない。

4　第6条第1項の規定は前項の規定による届出を受理した場合について、同条第2項前段及び第3項の規定はこの項において準用する同条第1項の規定により交付された保管場所標章について、第7条の規定は前項の規定による届出に係る保管場所の位置を変更した場合について準用する。

（方面公安委員会への権限の委任）

第14条　この法律又はこの法律に基づく政令の規定により道公安委員会の権限に属する事務は、政令で定めるところにより、方面公安委員会に委任することができる。

（経過措置）

第15条　この法律の規定に基づき政令又は国家公安委員会規則を制定し、又は改廃する場合においては、それぞれ政令又は国家公安委員会規則でその制定又は改廃に伴い合理的に必要と判断される範囲内において、所要の経過措置（罰則に関する経過措置を含む。）を定めることができる。

（国家公安委員会規則への委任）

第16条　この法律に定めるもののほか、この法律の実施のための手続その他この法律の施行に関し必要な事項は、国家公安委員会規則で定める。

（罰則）

第17条　次の各号のいずれかに該当する者は、3月以下の懲役又は20万円以下の罰金に処する。

　一　第9条第1項の規定による公安委員会の命令に違反した者

　二　第11条第1項の規定に違反して道路上の場所を使用した者

2　次の各号のいずれかに該当する者は、20万円以下の罰金に処する。

　一　自動車の保管場所に関する虚偽の書面を提出し、又は警察署長に自動車の保管場所に関する虚偽の通知を行わせて、第4条第1項の規定による処分を受けた者

　二　第11条第2項の規定に違反した者

3　次の各号のいずれかに該当する者は、10万円以下の罰金に処する。

　一　第5条、第7条第1項（第13条第4項において準用する場合を含む。）

第5章　関係法令等

又は第13条第3項の規定による届出をせず、又は虚偽の届出をした者

二　第9条第6項の規定に違反した者

三　第12条の規定による報告をせず、若しくは資料の提出をせず、又は虚偽の報告をし、若しくは虚偽の資料を提出した者

第18条　法人の代表者又は法人若しくは人の代理人、使用人その他の従業者が、その法人又は人の業務に関し、前条の違反行為をしたときは、行為者を罰するほか、その法人又は人に対しても、同条の罰金刑を科する。

　　　附　則

（施行期日）

1　この法律は、公布の日から起算して3月を経過した日から施行する。ただし、第5条の規定は公布の日から起算して1年を経過した日から施行し、第6条第3項中道路交通法第113条の2の規定を準用する部分は行政不服審査法（昭和37年法律第160号）の施行の日から施行する。

（適用地域等に関する経過措置）

2　第4条から第7条（第13条第4項において準用する場合を含む。）まで及び第13条第3項の規定は、当分の間、第4条第1項の処分に係る自動車又は軽自動車である自動車の区分に従いそれぞれ政令で定める地域以外の地域に使用の本拠の位置が在る自動車の保有者については、適用しない。

3　第11条の規定は、当分の間、政令で定める地域以外の地域において行われた行為については、適用しない。

4　第8条から第10条までの規定は、当分の間、前項の政令で定める地域以外の地域に使用の本拠の位置が在る自動車及び当該自動車の保有者については、適用しない。

5　保管場所標章が表示されている自動車の保有者は、当該自動車の使用の本拠の位置を附則第2項の政令で定める地域からそれ以外の地域に変更した場合には、速やかに、当該表示されている保管場所標章を取り除かなければならない。

6　自動車の使用の本拠の位置を附則第2項の政令で定める地域からそれ以外の地域に変更した自動車の保有者については、第7条（第13条第4項及び附則第8項において準用する場合を含む。）の規定は、適用しない。

7　次に掲げる軽自動車である自動車の保有者は、当該自動車の保管場所の

239

位置（保管場所の位置を変更した場合にあつては、変更後の保管場所の位置）を管轄する警察署長に、当該自動車の使用の本拠の位置（使用の本拠の位置を変更した場合にあつては、変更後の使用の本拠の位置）、保管場所の位置（保管場所の位置を変更した場合にあつては、変更後の保管場所の位置）その他政令で定める事項を届け出なければならない。この場合において、第1号に掲げる保有者に係る届出は、当該保管場所の位置を変更した日から15日以内にしなければならない。

一　軽自動車である自動車の使用の本拠の位置を軽自動車である自動車についての附則第2項の政令で定める地域（以下「軽自動車適用地域」という。）以外の地域から軽自動車適用地域に変更した当該自動車の保有者であつて、当該自動車の保管場所の位置を変更したもの

二　一の地域が軽自動車適用地域となつた際現に当該一の地域に使用の本拠の位置を有して運行の用に供されている軽自動車である自動車について当該一の地域が軽自動車適用地域となつた日（以下「適用日」という。）以後に適用日における保有者の変更があつた場合における新保有者であつて、軽自動車適用地域にその使用の本拠の位置を有して当該自動車を運用の用に供しようとするもの

8　第6条第1項の規定は前項の規定による届出を受理した場合について、同条第2項前段及び第3項の規定はこの項において準用する同条第1項の規定により交付された保管場所標章について、第7条の規定は前項の規定による届出に係る保管場所の位置を変更した場合について準用する。

9　附則第7項の規定又は前項において準用する第7条第1項の規定による届出をせず、又は虚偽の届出をした者は、10万円以下の罰金に処する。

新訂版　自動車の保管場所の補償

2016年12月11日　第1版第1刷発行
2020年9月10日　第1版第2刷発行

編　著　　公共用地補償研究会

発行者　　箕　浦　文　夫

発行所　　株式会社 大成出版社

〒156-0042
東京都世田谷区羽根木1－7－11
電話 03（3321）4131（代）
https://www.taisei-shuppan.co.jp/

©2016　公共用地補償研究会　　　　　　　　印刷　信教印刷

落丁・乱丁はおとりかえいたします。
ISBN978-4-8028-3269-4